Hauptfeuerstand Hänisch 3/15 cm
Thuwa Ost.
Battr. Hänisch
Peilstand Coronel
W 1
Battr. Steernklipp.
4/10,5 cm
De Hohlingtjes
Maßstab 1: 10 000
Meter
500
1000
1500
Geräte bezw. Material-Lager aus Holz oder Stein
Kasernenanlagen
Flugzeughallen
Lebensmittellager aus Holz oder Stein
Barackenlager aus Holz oder Stein
Lazarette u. Reviere
Hochstände
Scheinwerfer
Fu.M.O.- Geräte
Panzergraben. (2710 m)
Höckerhindernis.
Straßen- u. Bahnsperren
Vorstrandhindernis.
Hemmbalken mit 3 Pfahlreihen.
Vorstrandsperren.
zu 24 Minen je 225 kg mit elekt. Zündung.
K.M.A. Sperren.
Minenfelder
Hafen
Landungsbrücke Borkum-Reede
Battr. Fischerbalje 4/7,5 cm
Lageplan
vorhandener Eisenbetonbauten
auf Borkum.
Borkum, den 17. Aug. 1945.

Borkum – Festung im Meer

Die interessante Geschichte der Seefestung Borkum von den Anfängen im Jahre 1902 bis zur Schließung des Bundeswehrstandortes 1996.

Volker Apfeld

Rumeln Maritim

Verlag Rumeln Maritim
Jens Bald
Annenstraße 33
20359 Hamburg

Gesamtherstellung: Geli Maaß, Hamburg
Druck: Rautenberg Druck GmbH, Leer

4. Auflage
ISBN: 978-3-00-058751-1

Bei der Zusammenstellung von Texten und Abbildungen wurde mit größter Sorgfalt vorgegangen. Trotzdem können Fehler nicht ausgeschlossen werden.

Für Verbesserungsvorschläge, Hinweise oder Ergänzungen sind der Verleger und der Autor dankbar. Neue Erkenntnisse sowie Fotos und Dokumente werden dem Archiv des Heimatvereins der Insel Borkum zugeführt.

Bitte wenden Sie sich an:

Volker Apfeld
Deichstraße 37 b
26757 Borkum
Telefon: 049 22 - 4760
Mail: volker.apfeld@gmx.de

Vorwort

Anfang des 20. Jahrhunderts erlebte Europa die intensivste Zeit des Imperialismus. Insbesondere die Weltmächte England und Frankreich versuchten sich einen möglichst großen Teil der Erde untertan zu machen. Kaiser Wilhelm der II. war seit 1888 an der Spitze des Deutschen Reiches und wollte dem nicht nachstehen. Die Zukunft sah er in Afrika, Asien und auf dem Meer. Damit verbunden war seine Forderung nach einer immer stärkeren Hochseeflotte.

Das Wettrüsten zur See begann. Die flottenbegeisterten Deutschen forderten damit das britische Weltreich heraus. Das Gleichgewicht der Mächte in Europa geriet ins Wanken. In diese Zeit fiel auch der Beginn der Aufrüstung am nordwestlichsten Außenposten des Deutschen Reiches – auf Borkum.

Borkum wurde in beiden Weltkriegen kaum durch militärische Handlungen beeinträchtigt. In beiden Kriegen war die Insel jedoch bis an die Zähne bewaffnet. Schwere Befestigungen, Geschütze und große Truppenkontingente wurden hier stationiert. Große Gefechte blieben glücklicherweise aus. Im Gegensatz zu den stark umkämpften Fronten befanden sich die auf Borkum stationierten Soldaten fast im Urlaub. Lediglich im Zweiten Weltkrieg kam es zu kleinen Luftangriffen gegen den Seefliegerhorst und zu einzelnen Bombenabwürfen – vermutlich Notabwürfe der auf dem Rückweg befindlichen Bomber.

Bunker Heimlichen Liebe

2005 und 2008 erschienen die ersten beiden Auflagen dieses Buches über die Militärgeschichte Borkums in einer Größenordnung von je 1.000 Exemplaren. Die Nachfrage übertraf all meine Erwartungen. Ob Badegäste, Borkumer, ehemalige Soldaten der Bundesmarine bzw. der Wehrmacht oder Militärhistoriker. Das Interesse war breit gefächert. Ich erhielt zahlreiche Zuschriften mit neuen Erkenntnissen. Zeitzeugen und Interessierte, die über zusätzliches Material verfügten, ließen mir ihr Wissen zukommen. Fachleute aus allen militärischen Bereichen konnten mir wichtige Erkenntnisse und auch Berichtigungen mitteilen. Hierfür möchte ich mich an dieser Stelle noch einmal herzlich bedanken. All diese neuen Erkenntnisse sowie neue Fotos wurden eingearbeitet. Die Dokumente und Bilder, die mir übergeben wurden, sind an das Archiv des Borkumer Heimatvereins gegangen.

Die Jugendwehren – oder auch Strandkompanien genannt – bilden einen gesonderten Teil von fast paramilitärisch organisierter Einheiten.

Sie bestanden aus Jugendlichen und Kindern und beweisen, welchen Stellenwert alles Militärische im Deutschen Reich insbesondere vor dem Ersten Weltkrieg hatte.

Die Aufarbeitung der Militärgeschichte Borkums erfolgte aufgrund einer Initiative von Reinhold W. Feldmann als Leiter der Volkshochschule Borkum. Von 1995 bis 1997 traf sich eine Arbeitsgruppe, die die Militärhistorie Borkums im 20. Jahrhundert aufzuarbeiten versuchte. Ich hatte damals als Einziger einen PC und führte die Ausarbeitung nach Beendigung der Arbeit durch diese Gruppe alleine weiter.

Ziel war es, möglichst viele Daten über die Militärgeschichte Borkums zu sammeln und der Öffentlichkeit zugänglich zu machen, um aufklärend zur Vergangenheit Borkums beizutragen.

Der Druck einer 4. Auflage zeigt das große Interesse der Bevölkerung – egal ob Tourist oder Borkumer – an dieser Thematik.

Borkum, im April 2019 Volker Apfeld

Inhalt:

Schon 1870/71, im Krieg zwischen Preußen und Frankreich, befürchtete man eine Besetzung Borkums durch die Franzosen. Es kamen einige Soldaten auf die Insel, und der damalige Amtsvogt Abtmeyer kam auf die Idee, die hölzernen Spitzen beider Kaaps zu entfernen, um dem Feind die Orientierung zu erschweren. Ein Bote erschien bei dem damals einzigen Malermeister auf Borkum, Steffen Klaasen Akkermann, und erbat dessen lange Leitern, um auf die Kaaps zu steigen. Nachdem Akkermann die Gründe dafür erfuhr, verweigerte er jedoch die Herausgabe. Auch nachdem kurz darauf Soldaten die Leitern „im Namen des Königs von Preußen" verlangten, erwiderte der Urahn auf Plattdeutsch: „Hauw kann de Könek van Prüssen weiten, datt ikk so lange Ledders hebb!" So gab er die Leitern nicht heraus, und die Kaaps blieben unversehrt.

1. Vor dem Ersten Weltkrieg (bis 1914)

1901 veranstaltete die deutsche Flotte zum Zwecke des Küstenschutzes ein Manöver vor Borkum. Morgens um halb acht ertönte beim Herannahen des den Feind markierenden Torpedobootes ein Alarmsignal. Daraufhin zogen sich die auf der ganzen Insel verstreuten Kompanien am Südstrand zusammen und eröffneten ein heftiges Gewehrfeuer auf den gedachten, eine Landung versuchenden Feind. Es war das erste Manöver dieser Art auf Borkum. Die Truppen schifften mittags wieder ein und fuhren zum Festland zurück.

Im Jahre 1902 erklärte Kaiser Wilhelm die Insel zur Seefestung; Emden wurde Garnisonsort. Im gleichen Jahr fand das erste Inselmanöver durch Gardefußartillerie aus Spandau mit fünf Offizieren, 250 Mann und einer entsprechenden Anzahl Pferden statt. Schwer war es, die zwölf Kanonen zu befördern. Die damaligen Hebekräne im Hafen konnten die schweren 15-cm-Feldhaubitzen nicht von den Schiffen heben. Es musste erst ein Schwimmkran von Emden kommen, um sie auf die Zugwagen zu setzen. Die Folge war, dass man diese Kanonen endgültig hier ließ. Die als Magazin dienenden Westschuppen (ehemaliges Feuerwehrgerätehaus) und der Ostschuppen (bei der Ostbake) waren die ersten militärischen Gebäude auf Borkum.

Am 27.07. berichtete die Borkumer Zeitung, dass die Küstenpanzer (Panzerschiffe) AEGIER und FRITHJOF nach einem Besuch norwegischer Häfen die Nordsee durchqueren und vor Borkum vor Anker gehen, um ein Landungsmanöver abzuhalten.

Manöver in den Dünen 1906

Vom 4.-6. September 1907 fanden in den Gewässern vor Borkum Tages- und Nachtmanöver der verstärkten Hochseeflotte statt. Ca. 100 Schiffe, darunter elf Linienschiffe, drei große und sechs kleine Kreuzer, mit 20.000 Mann Besatzung und 1.000 Geschützen übten unter dem Kommandeur Prinz Heinrich von Preußen.

In den folgenden Jahren kamen gelegentlich Truppen zum Manöver vom Festland nach Borkum. Als bei einer Übung im Jahre 1908 eine in Aurich liegende Artillerieabteilung mit den Dampfern Prinz Heinrich und Dr. von Stephan von Emden nach Borkum fuhren, liefen beide Schiffe in der Fischerbalje auf Grund. Die Kanoniere kamen nicht rechtzeitig an Land. Die dadurch erhobene schwere Manöverkritik drang bis zum Generalstab nach Berlin.

Für die Kriegsflotte sollten zur Sicherung der Emsmündung, zunächst als eine Art Vorpostenstellung, Verteidigungsanlagen auf Borkum geschaffen werden. Die neue Festung Borkum sollte den Flottenstützpunkt Emden decken und der aus dem Ausfalltor Wilhelmshaven-Emden hervorbrechenden Flotte Flankenschutz gewähren.

Anfangs war nur eine Wachkompanie und ein Park von etwa 30 Geschützen mittleren Kalibers auf Borkum stationiert. 1907 hatte man angeordnet, dass das I. Bataillon Fußartillerieregiment von Hindersin zur „kleinen Sicherung“, d.h. bei drohender Kriegsgefahr, nach Borkum gehen sollte.

Am 20. Februar 1908 erließ Seine Majestät, Kaiser Wilhelm II, ein Dekret, das u. a. die Befestigung Borkums betraf. Am 18. Juni 1908 bekamen die Borkumer Firmen Akkermann und Ferdinands nach einer Ausschreibung den Zuschlag für

Die Artilleriekaserne (Kaserne-Mitte) nach ihrer Fertigstellung im Sommer 1909

zwei Barackenbauten. Die Firmen bauten die Kaserne Mitte (heute BfA) und die Südkaserne (Adolfinenheim bzw. später Kindergarten). Ende 1908 begann man mit dem Bau der Befestigungsanlagen, zunächst mit dem der Infanteriestützpunkte, 1909 auch mit dem der Batteriestellungen. Vier Batteriestellungen aus Beton waren bis zum Ersten Weltkrieg einsatzbereit.

Es waren

- die Strandbatterie
- die Dünenbatterie
- die Wattbatterie und
- die Wiesenbatterie.

Die letzten beiden hatten Steilfeuer-Haubitzen mit einer Reichweite von elf Kilometern. Insgesamt acht Millionen Mark stellte die Regierung für den Ausbau der Festung Borkum bereit.

Im April 1910 zogen drei Batterien des Fußartillerie-Regiments von Hindersin (1. Pommersches) Nr. 2 unter Major Bruchmüller in die Kaserne-Mitte ein. Auf dem Alten Leuchtturm befand sich ein Artilleriekommandeurstand. Es wurde mit dem Ausbau des Schienennetzes bis zum Ostland (Ostlandbahn) begonnen. Am Emmich-Denkmal (erbaut 1917) zweigte ein Anschlussgleis ab, das in die Nähe der Ostlandbauernhöfe führte, wo sich ein Zement- und Baustofflager der Marine befand.

Am 28. und 29. Mai 1910 besichtigte der Staatsekretär des Reichsmarineamtes Tirpitz die Befestigungen der Insel.

Spione auf Borkum?

Im August 1910 erregte ein angeblicher Spionagefall auf Borkum Aufsehen. In einer Nacht hatte ein Wachtposten der Strandbatterie einen Mann bemerkt, der sich innerhalb des abgesperrten Gebietes der Batterie aufhielt und versuchte, Fotos zu machen. Der Posten stellte den Fremden sofort und übergab ihn später der Polizei.

Der Betreffende war Engländer und konnte kein Deutsch. Er wurde der Spionage dringend verdächtigt und dem Untersuchungsgefängnis in Emden überstellt. Kurz darauf verhaftete man noch einen zweiten Engländer, der Informationen aus Defzijl abholen wollte. Beide gaben an, für eine englische Zeitung zu arbeiten. Die Ermittlungen übernahm der Oberreichsanwalt. Die Festgenommenen überstellte die Polizei nach Leipzig. Über den Borkumer Fall berichtete selbst in England die „Daily Mail". Beide Spione verurteilte das Gericht zu mehreren Jahren Festungshaft. Noch vor Ausbruch des 1. Weltkrieges begnadigte sie Kaiser Wilhelm.

Nach 1910 verstärkte die Marine ihren Anspruch auf Mitbenutzung der beiden Funkstellen Borkum und Feuerschiff Borkumriff.

Die Sommerwirtschaft Wilhelmslust unweit des Elektrischen Leuchtturmes musste aus militärischen Gründen 1910 beseitigt werden.[1]

Der Staatssekretär des Reichs-Marineamtes Berlin bezeichnete im Mai 1912 die Leuchtturmanlage (Elektrischer Leuchtturm) als „Küstenfunkstation Borkum-West" und das Vogelwärterhaus auf dem Ostland als „Marine-Nachrichtenstelle Borkum-Ost". Nach der Sprengung des Vogelwärterhauses am 02.08.1914 wurde diese Nachrichtenstelle zur Ostbake verlegt.

1912 wurde Borkum eigene Fortifikation (Festungsverwaltung), die der Heeresleitung unterstand. Der Ausbau der Befestigungen dauerte bis 1918.

1913 besetzte die Marine die Funkstellen auf dem Feuerschiff und dem Leuchtturm mit je zwei Funkgasten, die dem Maschinenmeister der Leitfeueranstalt bzw. dem Kapitän unterstellt wurden.

Zum 2. März 1914 wurde die Funkstelle Borkum einschließlich des Funkverkehrs mit der Handelsschifffahrt durch die Marine übernommen und dem Kommando Marinestation Nordsee unterstellt. Die Anlagen blieben Eigentum der Reichs-Telegraphenverwaltung.

1911 beschloss der Gemeindeausschuss das „Ortsstatut über Quartierleistung für die bewaffnete Macht in Friedenszeiten für die Inselgemeinde Borkum" auf der Grundlage des bestehenden Reichsgesetzes. Danach trugen alle Hausgrundstücksbesitzer nach dem Verhältnis des Gebäudesteuerbetrages die Einquartierung und Verpflegung der „bewaffneten Macht". Unter Zugrundelegung der Gebäudesteuerrolle betrug z. B. bei einer Gebäudesteuer von 20 bis 40 Mark eine Unterbringungspflicht von zwei Mann. Bei einer Steuer von 40 bis 70 Mark mussten drei Mann untergebracht werden. Für den Fall der Weigerung konnte der Einquartierungsausschuss, der aus dem Gemeindevorsteher sowie zwei Beisitzern bestand, die Einquartierung auf Kosten des Pflichtigen in gemieteten Räumen verfügen.

Im Februar 1912 verstärkte die Armee das II. Bataillon von Hintersin um eine 4. Batterie. Statt der bisher noch in Schuppen untergebrachten 24 Geschütze mittleren Kalibers erhielt die Festung sechs 9-cm-Kanonen, die im Ernstfall im Norden und Südwesten Aufstellung finden sollten. Ende Mai 1912 wurde Oberstleutnant Freiherr von Beaulieu-Marconay Kommandant der Festung Borkum. Im April 1913 trafen als Ersatz für die abzugebenden schweren Feldhaubitzen sechs 10-cm-Kanonen ein und kamen in die Südbatterie. 1913 baute die Fortifikation auch die Hörn- und Nordbatterie behelfsmäßig aus. Im gleichen Jahr bauten Soldaten den „Krummer Blockweg" bis zum „Ringweg" (Greune-Stee-Weg) aus.

Am 16.06.1913 siedelte Oberst Maercker als Kommandant nach Borkum über. Er bezog das Haus im Alten Damenpfad 5. Vorher war er in den Afrikanischen Kolonien eingesetzt. Von dort brachte er einen schwarzen Diener mit Namen Momadi mit, der der erste Schwarze auf Borkum war. Außerdem hatte er eine große Raubkatze mitgebracht, die unter der Außentreppe eingesperrt war. Beides war natürlich eine große Attraktion für die Borkumer.[2]

Bereits vor Kriegsbeginn war in der Borkumer Zeitung über diverse militärische Aktivitäten zu lesen: So hielt das 1. Bataillon Inf.-Regt. 91 am 8. Juni 1914 am Jägerheim, Schussrichtung nach Norden, und in den Süddünen, Schussrich-

Die Dorfjugend neben der Kanone in der heutigen Franz-Habich-Straße

15-cm Bronzekanonen, im Hintergrund der Bahnhof

tung nach Südosten, gefechtsmäßiges Zugschießen sowie zwei Tage später gefechtsmäßiges Kompanieschießen ab. Die Absperrung erfolgte durch Absperrposten. In einer folgenden Nachtübung nahmen auch 16 Mitglieder der hiesigen Freiwilligen Sanitätskolonne vom Roten Kreuz unter Leitung von Sanitätsrat Dr. Kok teil. Seine Königlichen Hoheit, der Großherzog von Oldenburg, sowie Seine Exzellenz von Emmich besichtigten mehrmals die Übungsplätze. Sie sprachen sich gegenüber dem Leiter sowie den Mannschaften „in überaus günstiger Weise dankend über das Gesehene aus mit dem Wunsche und der Ermahnung, im selben Geiste und Eifer im Interesse des Vaterlandes der Sache treu zu dienen" aus. Der Großherzog traf am Vorabend mit Gefolge und Stab des X. Armeekorps auf Borkum ein.

Der Hilfsbeamte des königlichen Landrats des Landkreises Emden, Bannier, machte bekannt, dass die Festungs-Maschinengewehr-Abteilung am 12. Juni von 4.30 Uhr nachmittags ein Scharfschießen auf dem Muschelfelde abhält. Das gefährdete Gelände sollte durch Posten abgesperrt werden. Den Abschluss der Übungen bildete ein nächtliches Landungsmanöver des nach hier abkommandierten Kommandos des 9. Pionierbataillons.

Der Bezirkskommandeur aus Aurich gab bekannt, dass am 24.06.1914 auf Borkum eine Kontrollversammlung auf dem Schulhof stattfinde. Sämtliche Soldatendienstgrade, „halb- und zeitig ganzinvalide anerkannte Mannschaften sowie die zeitig feld- und garnisonsdienstunfähigen Mannschaften hatten sich zu gestellen". Die Militärpapiere waren mit zur Stelle zu bringen. Begründete Gesuche um Befreiung konnten gestellt werden.

Anfang Juli landete ein Militär-Doppeldecker auf dem Muschelfeld. Es war das Flugzeug B 253, das aus Hannover kam und Borkum in 2 Stunden und 40 Minuten erreichte. Der Weiterflug ging nach Köln.

Ende Juli hatten sich bereits viele Kurgäste durch die Berichterstattung der Presse über die Ereignisse auf dem Balkan derart erschrecken lassen, dass sie glaubten, sofort abreisen zu müssen. Die Badeverwaltung machte darauf aufmerksam, dass „die Nachrichten der Sensationspresse" keinen Grund zur sofortigen Aufgabe der gemieteten Wohnungen bildeten. Wer also eher als vorgesehen abreisen wollte, musste die Kündigungsfrist von einer Woche einhalten oder für eine weitere Woche seine Miete bezahlen. Einen Grund zur sofortigen Abreise ohne Kündigung würde erst durch die allgemeine Mobilmachung des Deutschen Reiches gegeben sein. Der Badeverwaltung gelang es nicht, gegen die Verbreiter der Sensationsnachrichten einzuschreiten, da ihr hierzu die gesetzlichen Grundlagen fehlten. Die Badedirektion teilte daraufhin in der Borkumer Zeitung vom 28.07. mit: „Die hiesige Vertretung der Firma August Scherl verbreitet hier fortgesetzt Alarmnachrichten über den österreichisch-serbischen Konflikt, die sich nachher als falsch oder erfunden erweisen. Dadurch wird unnötige Beunruhigung unter den hiesigen Kurgästen hervorgerufen. Viele ergreifen vor Angst die Flucht, wodurch unser Ort erheblich geschädigt wird. Die Badeverwaltung hat sich bei der Firma August Scherl über die hiesige Vertretung beschwert."

In einer Bekanntmachung zur Beruhigung der Badegäste veröffentlichte sie, dass auch im Mobilmachungsfall die Personenbeförderung nach Emden regelmäßig erfolgt. Am 31. Juli gab der Kommandant Oberst Maercker bekannt: „Die politische Lage hat sich derart zugespitzt, dass jeden Augenblick mit dem Ausbruch der Feindseligkeiten gerechnet werden kann. Die Badegäste werden gut tun, die Insel zu verlassen." Und die Borkumer Zeitung berichtet: „Die Szenen, die sich hieraufhin in den Nachmittag- und Abendstunden auf dem Bahnhof abspielten, werden nicht so leicht vergessen sein. Die Badegäste hatten eiligst ihre Sachen gepackt, ihre Wohnungen verlassen und harrten auf dem Bahnhof dem Abgang des nächsten Zuges. Solche Menschen- und Koffermassen hatte unser Bahnhof und unsere Fahrkartenschalter noch nicht zu verzeichnen gehabt. Wenngleich der erste mit wenig Verspätung abgehende Zug nicht alle Badegäste mitnehmen konnte, so bewältigte der Abendzug so ziemlich den Rest der Nichtmitgenommenen. Verschiedene nicht sehr ängstliche und über eine Portion Ruhe verfügende Badegäste taten das Richtige und verschoben ihre Abfahrt auf den nächsten Tag."

Flucht der Badegäste

2. Der Erste Weltkrieg (1914-18)

Am 2. August standen Gäste und Borkumer vor übergroßen Plakaten, die an Amtsgebäuden und öffentlichen Plätzen mit folgendem Text angebracht waren:

> „Erklärung des Kriegszustandes!
>
> Durch Kaiserliche Verordnung ist der Bezirk des X. Armeekorps in Kriegszustand erklärt. Die vollziehende Gewalt geht an mich über!
>
> gez. Der Kommandant!
>
> Die Zivilverwaltungs- und Gemeindebehörden verbleiben in ihrem Amt, haben aber meinen Anordnungen und Aufträgen Folge zu leisten. Sämtliche Wirtshäuser sind um 10 Uhr abends zu schließen. Alle Ausländer haben die Insel binnen 24 Stunden zu verlassen. Plakate, Zeitungen und andere Schriften dürfen nur mit Erlaubnis der Ortspolizeibehörde gedruckt, öffentlich verkauft oder sonst verbreitet werden. Postsendungen und Telegramme unterliegen der Prüfung der Kommandantur. Bei Tage darf keine Versammlung von mehr als zehn Personen auf Straßen und öffentlichen Plätzen stattfinden, Versammlungen bei Nacht sind gänzlich verboten. Die Verwendung der bewaffneten Macht zur Unterdrückung etwa vorkommender Aufruhrversuche erfolgt nach meinem Befehl".

Die Benutzung von Ferngläsern – auch privaten – war nur mit Genehmigung der Kommandantur gestattet.

Bereits am 2. August erfolgte die Sprengung der Viktoriahöhe (heute Café Sturmeck), des Jägerheims, des Geflügelhofes und des Gebäudes der Vogelkolonie auf dem Ostland für die Freilegung des Schussfeldes der Artillerie.[3] Die Sprengung des Jan Okken gehörenden Geflügelhofs scheint versehentlich erfolgt zu sein. Der damalige Hof, der hinter dem heutigen Geflügelhof in den Dünen lag, befand sich nicht im so genannten Rayon-Gebiet und durfte somit auch nicht gesprengt werden.[4]

Zunächst war sogar vorgesehen, die gesamte Zivilbevölkerung mit Ausnahme der unbedingt auf der Insel notwendigen Arbeitskräfte zu evakuieren. Stattdessen lag bis Anfang 1917 ständig der Dampfer EMDEN auf Borkum-Reede in Fahrbereitschaft, um die Bevölkerung im Notfall jederzeit kurzfristig in Sicherheit zu bringen.[5]

Die Mobilmachung des Kaiserreichs

Im Juli 1914 bildeten gerade die 6. und 8. Batterie Fußartillerie-Regiment Nr. 2 die Sicherheitsbesatzung von Borkum. Das Generalkommando des X. Armeekorps drahtete am 30.07. um 2 Uhr morgens aus Hannover an II/2 in Emden (heute ehem. Karl-von-Müller Kaserne): „Friedensübung Borkum. Sofort überführen!" Um 2.40 Uhr rückte der Stab mit der 5. und 7. Batterie in Friedensausrüstung zum Außenhafen in Emden ab. Gegen 8 Uhr traf der Transport auf Borkum ein. Inzwischen waren die 6. und 8. Batterie von der Kommandantur Borkum mit „Kriegsgefahr von Westen. Parole Borkum!" alarmiert worden. Als dann am 01.08. der Mobilmachungsbefehl eintraf, musste die Kriegsbekleidung und -ausrüstung aus Emden nachgezogen werden. Die Artilleristen des II. Bataillons verfügten zu Kriegsbeginn über 33 Offiziere, 1177 Unteroffiziere und Mannschaften sowie 9 Pferde. An diesen Zahlen hat sich bis 1918 nichts Wesentliches geändert.

Neu eingetroffene Truppen in der Kaserne

Der 02.08.1914 war der erste Mobilmachungstag des Reserveinfanterieregiments (R.I.R.) 79 in Oldenburg. Die Gesamtverpflegungsstärke des Regimentsstabes und des I. und II. Bataillons betrug 55 Offiziere, 2082 Mannschaften, 135 Pferde, die Gesamtgefechtsstärke 54 Offiziere und 2001 Mann. Am 09.08. erfolgte die Abfahrt ab Emden-Außenhafen im Morgengrauen, weil die Seezeichen aufgenommen waren und die Dampfschifffahrtsgesellschaft die Verantwortung für eine Fahrt im Dunkeln nicht übernehmen wollte. Torpedoboote fuhren den Transportern voraus.

Die ersten Kriegstage

In den ersten Kriegstagen bereitete der Kommandant die Bevölkerung mit diversen Bekanntmachungen auf den Krieg vor. Die Borkumer Zeitung war täglich mit neuen Anordnungen gefüllt. Entsprechende Plakate hingen im Ort aus:

Bekanntmachung

„Ich verbiete bis auf weiteres den Verkauf und den Ausschank von Spirituosen. Ich werde das Lokal, das gegen diesen Befehl verstößt oder in dem sich Soldaten oder Bürger betrinken, für die Dauer des Krieges schließen".

„Es ist einstweilen nicht in Aussicht genommen, die Frauen, Kinder und Greise von der Insel zu schaffen. Der Kommandantur liegt vielmehr daran, dass die Frauen hier bleiben und sich wirtschaftlich betätigen. Ich werde jeden, der die Bevölkerung durch derartige Gerüchte beunruhigt, in schärfster Weise zur Rechenschaft ziehen."

„Zivilpersonen ist von 9 Uhr abends bis 4 Uhr morgens der Aufenthalt in den Dünen zwischen der Bake und Hotel Hohenzollern auf der Kaiserstraße, den Dünen beiderseits der Wilhelmshöhe, auf den Dünen bis 300 Meter südlich des Rettungsschuppens sowie auf der Strandmauer vorwärts dieser ganzen Linie und dem Strande davor verboten.

Für die Dauer des Krieges ist das Photographieren allen Zivilpersonen auf Borkum verboten. Die photographischen Apparate sind bis zum 6. August auf der Ortspolizeibehörde mit vorbereiteten Quittungen, auf der der Apparat beschrieben ist, abzugeben."

„Ich verbiete, dass von Borkum ausgeführt werden:: Waffen und Munition, Lebens- und Futtermittel, Beleuchtungsgeräte, Werkzeuge, ... u.s.w.

Ich verbiete, dass Zivilpersonen, ohne besondere Erlaubniskarte der Kommandantur die Insel betreten, sowie, dass alkoholische Getränke irgendwelcher Art nach Borkum eingeführt werden."

„Es hat sich morgen früh 6 Uhr die gesamte männliche Bevölkerung Borkums im Alter vom vollendeten 16. bis zum vollendeten 59. Lebensjahre, soweit sie noch nicht in Reih und Glied steht, auf dem Exerzierplatz bei der Kaserne (heute Sportplatz des TUS) einzufinden. Von der Gestellung sind nur befreit, die bei der Post und der Kleinbahn, beim Wasserwerk und Gaswerk Unabkömmlichen, sowie die Ärzte und Apotheker. Ein jeder hat den Ausweis über sein Militärverhältnis mitzubringen. Nichterscheinen wird bestraft werden.
Borkum, den 5. August"

„Es ist mir gemeldet, dass Kaufleute jetzt bereits, wo die Verbindung mit dem Festlande noch besteht, Wucherpreise für Lebensmittel nehmen. Sobald mir ein bestimmter Fall gemeldet wird, werde ich den Namen des betreffenden Kaufmanns öffentlich bekannt machen und seine Verpflegungsvorräte requirieren.
Borkum, den 5. August 1914."

„Ich habe die hiesigen Bürger Arbeiter Diedrich Heinrich Meyer, Arbeiter Jochem Steffens Bekaan jr. und Malergehilfe Gerhard Jakobs Lübben jr. mit je 14 Tagen Gefängnis bestraft, weil sie gegen den Befehl der Kommandantur ungehorsam gewesen sind.
Borkum, 6. August 1914"

„Jede Schießübung auf der Insel und in den Inselgewässern wird fortan durch einen, auf dem großen (Petroleum) Leuchtturm geheißten weißen Wimpel angezeigt werden, der eine Viertelstunde vor Beginn des Schießens gehisst und sofort nach Beendigung des Schießens wieder niedergeholt wird.

Das Erscheinen feindlicher Kriegsschiffe wird durch eine rote Flagge angezeigt werden.

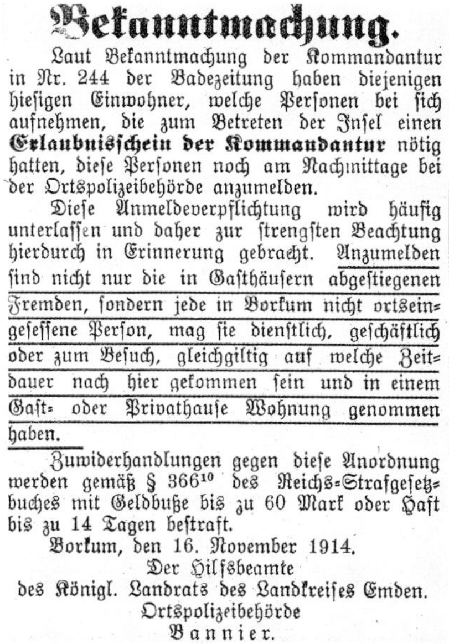

Bekanntmachung.

Laut Bekanntmachung der Kommandantur in Nr. 244 der Badezeitung haben diejenigen hiesigen Einwohner, welche Personen bei sich aufnehmen, die zum Betreten der Insel einen **Erlaubnisschein der Kommandantur** nötig hatten, diese Personen noch am Nachmittage bei der Ortspolizeibehörde anzumelden.

Diese Anmeldeverpflichtung wird häufig unterlassen und daher zur strengsten Beachtung hierdurch in Erinnerung gebracht. Anzumelden sind nicht nur die in Gasthäusern abgestiegenen Fremden, sondern jede in Borkum nicht ortseingesessene Person, mag sie dienstlich, geschäftlich oder zum Besuch, gleichgiltig auf welche Zeitdauer nach hier gekommen sein und in einem Gast- oder Privathause Wohnung genommen haben.

Zuwiderhandlungen gegen diese Anordnung werden gemäß § 366^{10} des Reichs-Strafgesetzbuches mit Geldbuße bis zu 60 Mark oder Haft bis zu 14 Tagen bestraft.

Borkum, den 16. November 1914.

Der Hilfsbeamte
des Königl. Landrats des Landkreises Emden.
Ortspolizeibehörde
Bannier.

Borkumer Zeitung v. 16.11.14

Wenn eine Beschießung Borkums zu befürchten ist, wird die Kommandantur einen Eisenbahnzug und Schiffe bereitstellen, um alle die von der Insel zu schaffen, die es wünschen.

Es wird dringend empfohlen, dass alle Personen, die davon Gebrauch machen wollen, die notwendigsten Reisegeräte gepackt bereitzuhalten. Dass dies Gepäck auf das Allernotwendigste beschränkt werden muss, versteht sich von selbst.

Damit nach einer Zerstörung des Wasserturms infolge von Benutzung von Zisternenwasser keine Krankheiten entstehen, haben alle Bewohner sofort ihre Dachrinnen und Zisternen gründlich zu säubern. Ich habe den Gesundheitsausschuss beauftragt, hierauf sein Augenmerk zu richten. Wer diesem Befehl nicht nachkommt, wird bestraft."

Der Kommandant – Maercker

Für den Abend des 4. August 1914 lud der Kommandant und der Gemeindevorstand alle Bürger Borkums zu einer Bürgerversammlung im „Seestern" ein. „Auch Frauen können daran teilnehmen." Die sehr stark besuchte Veranstaltung eröffnete der Kommandant mit einem „Hurra" auf den Kaiser. Dann teilte er die

Unterstände der Borkumer im Falle der Beschießung durch den Feind

soeben eingetroffene Kriegserklärung Englands mit. „Im ferneren gab derselbe der Bürgerschaft Ratschläge und Winke für die nunmehr für Borkum bevorstehenden kritischen Tage."

Für den Fall einer Beschießung sollten alle Einwohner in die Dünen flüchten und dort im Freien kampieren. Um diesen Umstand einigermaßen zu lindern, sind in die Dünen Höhlen gegraben worden, um dort gegen die größten Unbilden der Witterung geschützt zu sein. Auch sind Badekarren in die Dünen als Unterschlupf eingegraben worden.

Im Rathaus, Büro der Badedirektion, hatte „Frau Oberleutnant" Hofmann eine Wohlfahrtsstelle eingerichtet und nahm Geld- und Sachspenden entgegen. Jede einzelne Spende veröffentlichte sie mit Art, Menge bzw. Höhe der Spende namentlich in der Borkumer Zeitung.

Schonungslos machte der Kommandant in einer weiteren Anzeige das Verhalten eines Vermieters bekannt, der sechs armen Familien, davon zwei mit sieben und eine mit fünf Kindern, deren Väter sämtlich bei der Truppe eingezogen waren oder bei Armierungsarbeiten beschäftigt waren, angedroht hatte, die Wohnung zu kündigen und Räumungsklage einzureichen, wenn nicht innerhalb von zwei Tagen die Miete gezahlt werde.

Nr. 235. Montag, den 5. Oktober 1914 33. Jahrgang

Medüs tranquillus in undis

Borkumer Badezeitung und amtliche Fremdenliste.

Erscheint täglich (ausschl. Sonn- u. Feiertage) Abonn.-Preis: Winter 1,00, Saison 1,75 | Anzeiger und amtliches Organ für den Landkreis Emden, die Gemeinde- und Badeverwaltung Borkums | Anzeigenpreis: 36 mm breite Petitzeile 15 Pfg., für Borkum 10 Pfg. Tel. 9.

Vom Kriegszustand.

Uebersicht über die Kriegslage.

Berlin, 4. Okt. Amtlich. Großes Hauptquartier. Auf dem französischen Kriegsschauplatze sind keine wesentlichen Aenderungen eingetreten.

Im Angriff auf Antwerpen fielen auch die Forts Lierre, Waelhem, Koningshoyckt und die Zwischenredouten. In den Zwischenständen wurden 30 Geschütze erobert. Die in den äußeren Festungsgürtel getragenen Lücken gestatten den Angriff gegen die inneren Forts und die Stadt vorzutragen.

Im Osten sind das 3., sibirische und Teile vom 22. Armeekorps, welche sich auf dem linken Flügel der über den Njemen vordringenden russischen Armeen befanden, nach erbittertem zweitägigem Kampfe bei Augustow geschlagen. Ueber 2000 unverwundete Gefangene, eine Anzahl Geschütze und Maschinengewehre wurden erbeutet.

*

Rumänien wahrt seine Neutralität.

Sofia, 3. Okt. Der König unterzeichnete ein Ukas wodurch die zwei ältesten Jahrgänge der unter Fahnen stehenden Truppen ab 14. 10. entlassen werden.

Offiziöse „Narodni Prawa„ mitteilt, daß russische Gesandte Sawinski bei bulgarischen Regierung um Bewilligung zur Durchfuhr von Kriegsmaterial aus Rußland nach Serbien nachsuchte. Ministerpräsident Rudoslawos habe auf Beschluß des Ministerrats unter Berufung auf Artikel 2 der Haager Konvention und strenge Neutralität Bulgariens das Ersuchen abgewiesen.

*

Vom österreichischen Kriegsschauplatze.

Wien, 3. Okt. Amtlich. Unsere in Serbien befindlichen Truppen stehen seit zwei Tagen im Angriffskampfe und schreitet eigene Offensive gegen Ferall in stark verschanzten mit Drahthindernisse geschützten Stellungen postierten Gegner zwar langsam aber günstig fort. Mit der Säuberung von serbischen und montenegrinischen Truppen sowie Irregulären in der beunruhigten Gegend Bosniens wurde energisch begonnen, hierbei wurde vorgestern ein komplettes serbisches Bataillon umzingelt, entwaffnet und als Kriegsgefangene abtransportiert. Die von den Serben verbreitete Behauptung über die Vernichtung der 40. Honveddivision ist neuerlicher Beweis für lebhafte serbische Phantasie. Diese Division befindet sich wie auch die Serben sich zu überzeugen Gelegenheit hatten in bester Verfassung in Gefechtsfront, hat ebenso wie bei Visegrad auch an den Kämpfen in der letzten Woche rühmlichen Anteil genommen.

Potiorski, Feldzeugmeister.

*

Budapest. 3. Okt. Das Ungarische Korrespondenzbüro meldet nach von Obergespan Domitates, Maramaros, eingegangenen Meldungen schlugen unsere Truppen in der Gegend Oekoermezoe in siegreicher Schlacht die in Marmaros eingedrungenen Russen zurück. Der Feind zog sich nach der Grenze zurück. Unsere in der Umgebung von Körömezo versammelten Truppen

Eva.

Novelle von Helmuth tan Mor.

(Nachdruck verboten.)

„Verzeihung — aber dieser Ausweg ist nun nicht mehr möglich. Wenn Ihr Fräulein Tochter es weniger schwer genommen hätte, so hätte ich Ihre Güte vielleicht annehmen dürfen. So, wie es jetzt ist, würde ich in meinen Augen ehrlos werden, wenn ich es täte. Ich werde fortgehen, und ich werde Ihre Freundlichkeit nur insofern in Anspruch nehmen müssen, mir eine sofortige Entlassung zu bewirken."

Wieder sah ihn der alte Herr durchdringend an.

„Hm!" meinte er. „Und weswegen wollen Sie durchaus fort?"

„Weil Ihr Fräulein Tochter unter meiner Anwesenheit leidet. Sie sehen ja, daß sie darüber krank geworden ist. Und ich hoffe, sie wird nach meiner Entfernung ihre Ruhe wiederfinden. Sie verabscheut mich — natürlich — und der Gedanke, mir zu begegnen, muß sie natürlich beunruhigen."

„Und das geht Ihnen so nahe?"

Da richtete der junge Arzt sich höher auf. Und er hielt den Blick des andern ruhig aus, während er sagte:

„Ich kann es nicht ertragen. Denn jetzt darf ich es vielleicht sagen — die einzige Entschuldigung, die mein Gebaren hat, ist: daß ich Fräulein Eva liebe."

„Sie lieben sie? — Und doch —"

„Sie werden nach diesem Geständnis zugeben, daß es keine andere Möglichkeit als die von mir erwähnte gibt. — Sie haben mich so über Gebühr gütig behandelt, daß ich Ihnen volle Offenheit schulde. Der Unterschied in der sozialen Stellung hätte mich nicht abgehalten, um Ihr Fräulein Tochter bei Ihnen zu werben, wenn ich hätte glauben können, daß ich ihre Zuneigung besäße. Statt dessen empfindet sie — wie ich es nicht anders verdient habe — nur Abscheu gegen mich. Und unter diesen Umständen muß ich natürlich fortgehen."

Da stand der Gutsherr auf und legte dem jungen Mann seine Hand auf die Schulter.

„Nun, Herr Doktor — wie es auch kommen mag, Sie haben sich jedenfalls als ein Ehrenmann bewiesen. Und ich will Ihnen Ihre Offenheit vergelten. Wenn ich statt des Gegenteils gehört hätte, daß meine Tochter Sie liebte, so hätte ich Sie als meinen Schwiegersohn aufgenommen. Ich habe nur Gutes von Ihnen gehört, und ich bin nicht so engherzig, auf den Adel allzu großes Gewicht zu legen. Auf Vermögen brauche ich ja — dem Himmel sei's gedankt — nicht zu sehen. Ich weiß, daß Sie nichts haben, aber ich weiß auch, daß Sie sich und Ihre Frau hätten aus eigener Kraft erhalten können, und das hätte mir genügt."

Herbert Schweighoff war womöglich noch bleicher geworden. Und mühsam nur brachte er heraus:

„Ich danke Ihnen — danke Ihnen für Ihre große Güte. Aber nun — nun darf ich wohl gehen. Ich — ich —"

„Ohne nach Ihrer Patientin zu sehen? — Nichts da, mein Freund. Ich will meinen Diener nicht umsonst in den Regen hinausgeschickt haben."

„Herr von Sidow —"

„Himmeldonnerwetter — über euch närrische Menschenkinder! Das liebt sich und will sich mit aller Gewalt nicht zusammenbringen lassen! — Jetzt kommen Sie einmal mit, und keine Widerrede, das bitte ich mir aus!"

Er faßte den jungen Arzt unter den Arm und schleppte ihn mit sich fort. Und Herbert Schweighoff folgte ihm willenlos, wie ein Betäubter.

Borkumer Zeitung 5.10.14

Weitere Bekanntmachungen machte die Gemeinde:

„Für die militärische Vorbildung der deutschen Jugend während des mobilen Zustandes wurden alle jungen Männer, die das 16. Lebensjahr erreicht hatten, durch den Ortsausschuss für Jugendpflege, dessen Vorsitzender Gemeindevorsteher Kieviet war, aufgefordert, sich am 14. September auf dem Schulhof für die Anmeldung für die mit ihnen abzuhaltenden Übungen, einzufinden. Die Königliche Kommandantur hatte dazu einen militärischen Erzieher zugesagt. Einige Lehrer der Schule hatten sich bereit erklärt, den Turnunterricht unentgeltlich zu erteilen."

Am 2. September gab der Hilfsbeamte Bannier bekannt: „Festgestelltermaßen liegen auf den Höfen, in Gängen, Schuppen und Ställen leere Bier-, Selters-, Brause-, Mineralwasser- und andere Flaschen unordentlich und meistens hinderlich, stellenweise sogar nicht ungefährlich umher. Diese Zustände sind im höchsten Grade unerwünscht, um so mehr als zur Zeit großer Mangel an derartigen Flaschen herrscht.

An die hiesigen Einwohner ergeht daher im Auftrage der Kommandantur die dringende Aufforderung ihrer hiesigen Lieferanten, die leeren Flaschen ungesäumt zurückzugeben oder die Lieferanten zur sofortigen Abholung zu veranlassen. Nichtbefolgung hat Zwangsmaßnahmen zur Folge."

„Kriegsfreiwillige für Scheinwerfer- und Maschinengewehrtruppen stellt vom 1. Oktober ab die Kommandantur Borkum ein."

Die Ausübung der Jagd mit Schusswaffen war während der Dauer des Krieges verboten.

Am 14. Oktober 1914 fand ein Schießen einer Batterie des Westlandes Richtung Tüskendör statt. Die Geschütze überschossen dabei einen Teil des Dorfes. Um Unglücksfälle zu vermeiden, ließ der Kommandant den südlichen Teil des Dorfes für eine halbe Stunde räumen. Alle Straßen wurden in diesem Gebiet für den Verkehr gesperrt. Sämtliche Einwohner dieser Straßen mussten ihre Häuser verlassen.

Alle Borkumer benötigten einen Erlaubnisschein der Ortspolizeibehörde, wenn sie die Insel verlassen und wieder betreten wollten. Fremde bedurften zum Betreten der Insel von der Kommandantur ebenfalls eines Erlaubnisscheins. Ausländer durften, auch wenn sie eine Wohnung auf Borkum besaßen, die Insel nicht betreten.

Aufgrund der dadurch eintretenden wirtschaftlichen Schwierigkeiten erhielten alle gesperrten Ostfriesischen Badeinseln eine sogenannte Inselhilfe, die für die einzelnen Inselgemeinden von allergrößter Bedeutung wurde. Der Preußische Staat hatte sämtliche Privatschulden und die Schulden der Gemeinde gegen grundbuchliche Eintragung abgelöst. Dies betraf Privatschulden in Höhe von ca. elf Millionen und Gemeindeschulden in Höhe von ca. 2,75 Millionen Mark. Praktisch stellte diese großzügige Inselhilfe die völlige Tilgung aller Privat- und Gemeindeschulden dar, da aufgrund der bald einsetzenden Inflation (1922/23) eine Ablösung erfolgen konnte. [6]

Festung Borkum

Die Festung Borkum hatte die Aufgabe, den Feind an der Benutzung der im Bereich der Geschütze liegenden guten Ankerplätze zu hindern. Der Feind durfte nicht die Insel dazu benutzen, um sich auszuruhen, Kohlen, Verpflegung, Trinkwasser aufzunehmen, Reparaturen vorzunehmen, Kranke und Verwundete von Bord zu schaffen und sich der vorhandenen Kabelverbindungen zu bedienen. Ferner sollten sie deutschen Seestreitkräften Schutz gewähren.

Mit der Bekanntgabe des Mobilmachungsbefehls erging der Befehl zur Einrichtung des Festungslazaretts im „Adolfinenheim". Zur Oberin ernannte man Frau Oberst Maercker. Der Garnisonsarzt erhielt den Befehl, das Gehöft Bloemfontain zum Seuchenlazarett einzurichten. Der Elektrische Leuchtturm wurde zur Sprengung vorbereitet. Um die Spionage zu erschweren, war der Inselbevölkerung das Betreten des Strandgeländes nach 9 Uhr abends und das Fotografieren auf der Insel verboten. Um eine Landung zu erschweren, wurden zwischen

Stacheldrahthindernisse in den Dünen

den Buhnen am Nordstrand Stolperdrähte gezogen. Die Bevölkerung grub sich für den Fall der Beschießung Erdhöhlen in die Dünen. Die meisten Erdhöhlen bestanden aus vom Militär beschlagnahmten und eingegrabenen Badekarren. Dabei kam es zwischen Kommandant Maercker und Bürgermeister Tönjes Kieviet zu scharfen Differenzen, da dieser wohl bereits die nächste Nachkriegssaison im Auge hatte. Der Wasserturm erhielt, um dem Feind die Orientierung zu erschweren, den gleichen rot-weißen Anstrich wie der Elektrische Leuchtturm. Die Eisenleitern an der Strandmauer entfernten die Truppen, nachdem die Badekarren in die Dünen zur Verwendung als Unterschlupf- und Beobachtungsräume transportiert worden waren. Die Dünen überzog man auch im Innengebiet kreuz und quer mit Drahthindernissen. An den Baken brachten die Soldaten Sprengkammern an.

Die Kriegsbesatzung setzte sich zunächst zusammen aus dem I. und II./R.I.R. 79, dem Inselwachtbataillon mit drei Kompanien, der Festungsmaschinengewehrabteilung, dem II. Bataillon Fußartillerie-Regiment Nr. 2, einer Batterie und einer Parkkompanie Ersatzbataillon Fußartillerie-Regiment Nr. 2, einer Landwehr-Pionierkompanie, einer Festungsscheinwerferkompanie, der Eisenbahnbetriebsabteilung und dem Marinepersonal.

An Artillerie waren 1914 vorhanden:

1. Zwei Batterien mit 28-cm-Haubitzen (Watt- und Wiesenbatterie). Ihre Schusswirkung lag zwischen 2.500 bis 11.400 m ringsum. Sie hatten die Aufgabe, die feindliche Flotte möglichst weit von der Insel abzuhalten, alle Ankerplätze in der Nähe der Insel für die feindliche Flotte unbrauchbar zu machen und die Minensperren, die in der Oster- und Westerems lagen, unter Feuer zu nehmen. Zu jeder Batterie gehörten zum Beobachten, Entfernungsmessen und Richten im Ostland wie im Westland je ein Hauptstand und zwei Nebenstände. Wegen ihrer Wichtigkeit waren die Stände durch Drahthindernisse und Infanteriebesatzung gesichert.

2. Zwei 15-cm-Kanonenbatterien. Die Dünenbatterie lag im Ostland mit Schussrichtung Osterems, die andere im Westland mit Schussrichtung Westerems. Ihre Schussweite betrug 12.500 m. Sie hatten die Aufgabe, Unternehmungen gegen die Minensperren zu verhindern (Sperrbatterien), Vorbereitungen zum Landen in ihrem Bereich zu begegnen und die feindliche Flotte auf weite Entfernungen zu schädigen.

Fahrbarer Scheinwerfer auf Schienen

3. Eine Batterie mit 10-cm-Kanonen zu sechs Geschützen (Strandbatterie). Ihre Schussweite betrug 12.000 m. Ihre Aufgabe war es, durchgebrochene kleine Kreuzer und Torpedoboote zu beschießen und Landungen abzuwehren.

4. Fahrbare 9-cm-Batterien, die über die ganze Insel verteilt waren und die Aufgabe hatten, Landungen abzuwehren.

Zum Leuchten auf die See hinaus dienten große fahrbare 150- und 200-cm-Scheinwerfer. Den Schutz auf See übten zwei Küstenpanzerschiffe, ein Kreuzer und eine Vorpostenflottille (bestehend aus Torpedobooten und zum Kriegsfischkutter umgebauten Fischdampfern) aus. Ferner die Sperrfahrzeugdivision zur Bewachung der Minensperren (verbunden mit Sperrlotsendienst), zum Kriegslotsendienst und zur Beaufsichtigung der Handelsschifffahrt.

Eine Albatros WI oder W II der Seeflugstation

Die Marineflugstation

Die Pioniere der Marineflugstation waren im Damenpfad 19 (heute Franz-Habich-Straße, Textilhaus Eilers) zusammen mit den Fliegeroffizieren untergebracht. Die Mannschaften waren bei Focken im Damenpfad 2 untergebracht. Am 13. August landete eine F 28 auf Borkum. Am selben Tag wurde die Flugstation mit einem „Flugaggregat" klar gemacht. Ab Ende August flogen drei Flugzeuge der Küstenmehrzweckstaffel 3/106 täglich ab Borkum Aufklärungsflüge bis 40 sm vor die Küste. Am 2. September wurde das erste Flugzeug von zwei Zerstörern 10 sm vor Terschelling abgeschossen. Am 17./18.09.1914 zerstörte eine Sturmflut den Flugzeugschuppen, der sich am Strand vor der Strandbatterie befand, und die beiden darin befindlichen Flugzeuge.

Friedrichshafen FF 33 H

Links Friedrichhafen FF 49 c – Im Vordergrund eine Hansa-Brandenburg W. 29

In den folgenden Jahren errichtete die Marine mehrere Hallen für Flugzeuge und einen 10.000 l Benzintank. Seit dem 23. September 1914 bis 1919 lag das Flugzeugmutterschiff Santa Elena vor Borkum stationiert. Im Dezember 1914 waren 29 Soldaten und 88 Zivilisten bei der Marinefliegerstation eingesetzt.

Vor dem Fliegerkran eine Friedrichshafen FF 49 C

Torpedoboote vor Borkum. Auf der Strandmauer der Eisenzaun aus der russischen Festung Kowno.

Der Seefliegerhorst 1918

Gegen eine etwaige Landung zog man auf der Strandmauer einen 2 m hohen Eisenzaun, der nach Abbruch des Zaunes 1919 oft von den Borkumern zur Einfriedigung verwendet wurde. Das Zaunmaterial stammte aus der russischen Festung Kowno, die Anfang des Krieges in Litauen eingenommen worden war. Teile des Zaunes wurden dann in Emden zur Eingrenzung des Emder Hafens als Zollgrenze verwendet. Vermutlich bestand keine Möglichkeit, den Strand von der Heimlichen Liebe bis zum Seeblick über die Strandmauer zu betreten.

Nach einem schweren Seegefecht am 28.08.1914 in der Nähe von Helgoland trieb die Leiche des englischen Decksoffiziers Hudcliff an Borkums Strand an. Die Beisetzung fand auf dem Militärfriedhof statt.[7] Weiterhin trieb ein Rettungsring der SMS Mainz an. Dieser wurde auf einem Denkmal für die „gefallenen

Das Denkmal für die Gefallenen der SMS Mainz

Der Militärfriedhof hinter der Kaserne

Helden" von SMS Mainz – mit der Aufschrift „Furchtlos und Treu", angebracht, das in der Kaserne-Mitte gestanden hat.

In einer Bekanntmachung vom 19. September 1914 in der Borkumer Zeitung wurde die Feuerwehr Borkum „für die Dauer des Krieges unter den Befehl des Militärpolizeimeisters und 2. Adjutanten der Kommandantur Borkum gestellt". Außer der Feuerwehr werden zum Feuerlöschdienst die 1. Landwehr-Pionier-Kompanie, das 1. Reserve-Infanterie-Regiment 79 und die Inselwache kommandiert. Jeder Einwohner Borkums hatte in dem von ihm bewohnten Hause mindestens zwei gefüllte Wassereimer im Hausflur bereitzustellen. Außerdem mussten unter den Dächern große, dauernd mit Wasser gefüllte Gefäße aufgestellt werden.

Der Gemeindevorstand machte im Oktober 1914 bekannt, dass sich beim Hissen einer roten Flagge auf dem großen Leuchtturm sofort alle Frauen und Kinder unter 14 Jahren zum Abtransport zur Bahn zu begeben haben. Von bettlägerigen Kranken erwartete man, dass sie nach dem Festland überführt werden. Schwangere Frauen mussten die Insel 14 Tage vor der Niederkunft verlassen. Für den Abtransport sollten zwei Züge bereitgestellt werden. Dazu teilte man die Insel in Bezirke. Der erste Zug sollte sich mit dem Gemeindevorsteher Kieviet am Bahnübergang an der von-Frese-Straße zur Verfügung halten. Der zweite Zug sollte unter Führung des landrätlichen Hilfsbeamten vom Bahnübergang Achilleion an der Süderstraße abfahren. Die Eisenbahnbetriebsabteilung sollte das Gelände, auf dem der Abtransport stattfinden sollte, für männliche Personen über 14 Jahre absperren. Gegen Männer, die die Züge besteigen wollten, sollte sofort „mit der blanken Waffe" eingeschritten werden. Frauen, die sich nicht an die Anweisungen halten würden, sollten verhaftet werden.

Es wurde angeordnet, dass jedes Haus Lebensmittel und Kohlen für vier Monate anzuschaffen hatte. Zuwiderhandlungen sollten durch eine Kontrolle von jedem Haus überprüft werden.

Damit die Insel nicht von See her in der Nacht zu erkennen sein sollte, war Verdunkelung angeordnet. Schaufenster durften nicht mehr beleuchtet werden. Lichtquellen mussten abgeschirmt werden. In Privathäusern mussten Vorhänge vor die Fenster gehängt werden.

Der Hilfsbeamte des königlichen Landrats des Landkreises Emden verbot durch Bekanntmachung in der Borkumer Zeitung, die auf Borkum „am St. Nikolaustage, dem 6. Dezember abends hier stattfindenden Umzüge (Klaasohmfest) mit Rücksicht auf den Ernst der Zeit". Am gleichen Tag berichtete die Heimatzeitung: „Die Bitte des Vaterländischen Frauenvereins um Weihnachtsgaben für unsere Krieger hat bei Mitgliedern und Nichtmitgliedern eine außerordentlich freundliche Aufnahme gefunden. Die Liebesgaben sind in so großer Zahl eingegangen, dass etwa 660 Soldaten damit eine Weihnachtsfreunde gemacht werden kann. Allen freundlichen Gebern herzlichen Dank".

Die Ostlandbahn mit Draisine

Die Betriebsführung der Militäreisenbahn lag nicht bei der Borkumer Kleinbahn, sondern bei einer besonderen Eisenbahnbetriebsabteilung der Kommandantur Borkum. Die Marine hatte drei eigene Loks, eine Draisine, einen Bereisungswagen für Offiziere, offene Sommerwagen für den Soldatentransport, rund 120 Kastenkipper sowie einen Geschütztransportwagen. Für diesen Fuhrpark ließ die Kommandantur 1914/15 am Barbaraweg drei Betriebs- und Werkstättenlager und zahlreiche Abstellgleise bauen.[8] Die drei Gebäude waren – von Westen aus – der Lokomotivschuppen (jetzt beseitigt), der Scheinwerferschuppen (jetzt DRK u.a.) und die Artilleriewerkstatt (jetzt Domäne).

Der Wagen des Kommandanten

Während des Krieges gingen ständig Mitteilungen der Marine

Draisinen in der Kaserne

auf Borkum ein, dass England einen Angriff auf die deutsche Nordseeküste plane. Daraufhin wurde die Insel für Fremde gesperrt, verschärfte Bereitschaft befohlen und eine Urlaubssperre verhängt. Oft konnten feindliche Seestreitkräfte vor Borkum gesichtet werden. Ständig flogen deutsche Marineluftschiffe über Borkum Richtung England.

Bis 1915 alarmierte der Bataillonskommandeur alle Werke jede Nacht einmal. Zusätzlich alarmierten sich Batterien täglich selbst. Die Offiziere durften nur zum Mittagessen und abwechselnd ihr Werk oder ihren Stand verlassen.
Am 13.01.1915 traf das Landsturmbataillon Hameln 1 (X.10) in der Festung ein. Es bezog mit seinen Kompanien die Werke des Ost- und Westlandes.

Anfang 1915 bauten die Deutschen an ihrer Nordseeküste Peilstationen auf, mit denen die Standorte von feindlichen Schiffsfunkstellen mittels Kreuzpeilung bestimmt werden konnten. Das deutsche Peilnetz „Nordsee" bestand aus den Stationen Sylt, Borkum und Cuxhaven. Der Cuxhavener Flughafen Nordholz war Heimathafen der Zeppeline, die gegen England flogen. Borkum steuerte den Peildienst der Schiffe und Luftschiffe als „Peildienst-Leitstelle" und wertete ihn aus. Die Borkumer Station, die so genannte „Richt-Anlage (R.A.)", stand in den Woldedünen (heute Wohnhaus Kiebitzdelle-Dünen 25). Ein Kreis von 60 kleinen Masten und ein Betriebsgebäude mit einem hohen Gittermast bildeten diese Anlage des ersten deutschen Peilnetzes im Ersten Weltkrieges.[9]

Im April 1915 verbot Kommandant Maercker das Graben von Burgen usw. am Strand. Dies war nur vom Bereitschaftsraum Kinderheim an und nördlich davon gestattet. Im Juni ging der Inselzeitung folgender Bericht vom stellvertretenden Badedirektor Rektor Meyer zu: „Es wird zur allgemeinen Kenntnis gebracht, dass den Einwohnern unserer Insel von morgen ab Gelegenheit gegeben ist zu baden. Das Baden erfolgt gegen Lösung einer Karte zum Preise von 30 Pfg. für Erwachsene und 10 Pfg. für Kinder aus Badekarren, die am Strande in der Nähe des Ausganges der von-Frese-Straße aufgestellt sind. Für Wäsche hat der Badende selbst aufzukommen. Als Badezeiten gelten die von der königlichen Kommandantur festgesetzten und zwar werden die pro Tag angesetzten vier Stunden in folgender Weise verteilt: Die ersten 2 ½ Stunden dienen dem Damenbaden, die letzten 1 ½ Stunden dem Herrenbaden."

U 30 gesunken

Zu einem schweren Unglück kam es am 22. Juni 1915, als U 30 bei einer Erprobung unterging. U 30 befand sich abends auf der Reede von Borkum, um hier nach einer längeren Reparatur aus der Werft kommend in einer ca. 40 m tiefen Rinne die übliche Druckprobe zu machen. Auf dem Exerzierplatz lagen mehrere U-Boote der in Emden stationierten zweiten Halbflottille und ein Torpedoboot als Führerboot.

Plötzlich stiegen riesige Luftblasen an der Stelle hoch, an der U 30 hochkommen musste. Ein Unglück! – „Alle Mann an Deck!“ – „Positionsbojen werfen!“ – „Boote herunter!“ – „Taucher klar!“ Die Rettungskräfte arbeiteten fieberhaft. Plötzlich schossen in einer Fontäne von Luft mehrere Personen im Mittelpunkt des Strudels an die Oberfläche. Die Besinnungslosen zog man in die Boote. Es waren der Kommandant, der Steuermann und der Rudergänger. Bei zwei waren die Wiederbelebungsversuche erfolgreich, darunter beim Kommandanten. Er war bald so weit, dass er berichten konnte: Auf 40 m Tiefe hatte er das Boot auf Grund gelegt. Alles schien in bester Ordnung. Da platzte beim Legen eines Hebels das Schauglas einer Tauchrohr-Leitung in der Zentrale. Der Wasserstrahl, der unter dem Druck von vier Atmosphären durch das entstandene Loch ins Boot schoss, hatte die Wirkung von einer abgeschossenen Granate. Alles, was sich in seinem Bereich befand, wurde umgerissen. Der Strahl schlug mit voller Wucht quer durch das Boot auf das gegenüberliegende Hauptschaltbrett und zertrümmerte die schwere Marmorplatte mit allen ihren Apparaten.

In der darauf folgenden Finsternis kam eine Verwirrung auf, die die Katastrophe vollendete. Wegen des Ausfalles des elektrischen Stromes versagten alle Geräte. Die Gewalt des Wasserstrahls verhinderte jede Annäherung an das beschädigte Rohr, das so unglücklich in einer Ecke lag, dass man ihm nicht von hinten beikommen konnte. Jeder, der sich von vorn heranwagte, wurde niedergerissen. Vergeblich presste man Luft auf alle Tanks. Der Luftvorrat suchte sich den leichteren Weg durch das beschädigte Rohr und ging in das Boot hinein, anstatt auf die Tauchtanks zu wirken und das Wasser herauszudrücken. Bald gab es im Boot einen solchen Überdruck, dass die Trommelfelle platzten. Das Wasser im Boot stieg rapide. Die Zentrale musste geräumt werden. Die Besatzung flüchtete nach vorne und achtern. Die wasserdichten Türen rissen sie hinter sich zu. Die drei Personen im Turm waren von der übrigen Besatzung abgeschnitten. Die Zentrale lief allmählich voll, so dass das Wasser die Bodenplatten des Turmes bedeckte. Der Luftdruck stieg dadurch stetig und die Männer drohten zu ersticken. Der

Steuermann kurbelte den Verschluss des Turmluks los, und trotz der Wasserlast, die auf der Luke lag, flog es mit lautem Knall auf und schleuderte die drei hinaus.

Die Retter forderten über Funk das U-Boot-Hebeschiff VULKAN aus Wilhelmshaven an. Aus Hamburg wurde der größte deutsche Schwimmkran angefordert. Die Taucher hatten inzwischen Kontakt mit den Versunkenen aufnehmen können. Mit stählernen Hämmern konnten Klopfzeichen gemorst werden. „Haltet aus – wir bergen euch!" wurde übermittelt. „Beeilt euch! Das Wasser steigt! Luft! Luft! Wir halten es nicht mehr aus!" war die Antwort. Im vorderen Teil des Bootes gab es keine Lebenszeichen mehr. Nur im hinteren Torpedoraum hatten sich 17 Mann retten können. Darunter der Erste Wachoffizier, der das Morse-Alphabet beherrschte. Er meldete die Namen und die Stimmung. Vom zweiten Tag an wurden die Meldungen seltener – am dritten Tage kaum noch zu vernehmen. In der dreiundsiebzigsten Stunde nach dem Untergang war es still geworden.

Alle verzweifelten Versuche, das Boot zu heben waren gescheitert. Sein Gewicht und der Strom hatten es so tief in den Schlick eingebettet, dass die stärksten Stahltrossen beim Hebeversuch brachen. Die gewaltigen Kräne waren so stark belastet, dass sie fast kenterten. Brechende Trossen erschlugen zwei Matrosen.

Drei Monate später hoben die Bergungsschiffe OSTSEE und NORDSEE von einer Hamburger Bergungsgesellschaft U 30. Im Schwimmdock wurde das Wasser herausgepumpt und die Luken geöffnet. Die Toten wurden geborgen. Der Heckraum bot ein grauenhaftes Bild. Der Erste Wachoffizier hatte bis zuletzt im trüber und trüber scheinenden Licht seiner Taschenlampe 16 Seiten in sein Notizbuch geschrieben. Als das Wasser immer höher stieg, banden sich die Kameraden so hoch wie möglich über dem Wirrwarr der Rohrleitungen unter die Decke. Bis das Restchen Luft von dem stärkeren Element verdrängt war.

U 30 wurde 1916 wieder in Dienst gestellt.

Im Juli 1915 fand im Sitzungszimmer des Rathauses eine Gemeindeausschusssitzung statt, die ganz im Zeichen des Weltkrieges stand. Zunächst beschlossen die Gemeindevertreter die Gründung einer Kriegskreditkasse durch die Gemeinde Borkum, da viele Hausbesitzer und Gewerbetreibende durch den Ausfall der Saison in finanzielle Schwierigkeiten geraten waren, und der Gemeinde eine günstige Kreditanleihe angeboten wurde. Weiterhin beschloss die Gemeinde einen Ausschuss zu wählen, welcher sich mit der Bearbeitung und Entscheidung einer Unmenge von Steuerstundungsanträgen beschäftigen sollte.

Oberst Maercker wurde am 10.10.1915 zum Kommandeur des I.R. 83 ernannt und dorthin versetzt. Sein Nachfolger auf Borkum wurde Oberstleutnant Ruppricht (auch ehemaliger Straßenname der Hindenburgstraße) vom IR 74. Auf ihn folgte Ende 1917 Oberst von Gottberg, als letzter Mitte 1918 Oberstleutnant von Fabeck.

Im August 1916 forderte Kommandant Ruppricht alle Borkumer Männer auf, sich für den Fall eines Angriffs auf die Festung Borkum an der Verteidigung zu beteiligen. Die Kriegsfreiwilligen, die fähig sind eine Waffe zu führen und nicht zum Heeresdienst eingezogen sind, sollten bereits jetzt eine Uniform erhalten und an der Waffe ausgebildet werden.[10]

Der Gemeindevorstand machte in der Borkumer Zeitung vom 26.01.1917 bekannt, dass in Zukunft ein Abtransport der Frauen, Kinder und Greise von Borkum für den Fall einer „kurzen Beschießung" der Insel nicht mehr vorgesehen ist.

Statt dessen teilte man die Einwohner in fünf Gruppen ein, die sich in fünf verschiedene Gebiete im Falle einer Beschießung zu begeben hatten. Die Einwohner sollten sich für diesen Fall mit Proviant, Mänteln und Decken gegen die Witterung schützen. Im Falle einer längeren Beschießung oder eines zu erwartenden Landungsversuches blieb ein Abtransport weiter vorgesehen.

In dieser Zeit der Materialknappheit befanden sich fast jede Woche Bekanntmachungen des Kriegsministeriums, veröffentlicht durch die Kommandantur Borkum, zur Beschlagnahme und Bestandserhebung von allen erdenklichen Stoffen (Metall, Stoff, Holz, Brennstoffe usw.). So wird in der Borkumer Zeitung am 08.02.1917 z. B. die Beschlagnahme und Bestandserhebung von Bierglasdeckeln und Bierkrugdeckeln aus Zinn in elf Paragraphen geregelt.

Am 01.03. erfolgt eine entsprechende Bekanntmachung über die Beschlagnahme und freiwillige Ablieferung von Glocken aus Bronze.

Bei der Gemeinde wurde eine Verteilungsstelle für die rationierten Lebensmittel eingerichtet. Fast täglich finden sich Bekanntmachungen in der Zeitung, in der die Ausgabe bzw. der Verkauf von Obst, Gemüse, Fisch und Miesmuscheln angekündigt werden.

Am 18.02.1917 vermerkte das Kriegstagebuch:

Durchschnittszahl der frontklaren Flugzeuge 18,3. Die Gesamtzahl der Aufklärungsstunden 2 Std. 50 Min. Bis April 1917 wurde dann die Zahl der Aufklärungsstunden auf 108,2 Std. erhöht bei 21,8 Flugzeugen.[11] Im Mai 1918 hat die Fliegerstation Borkum einen Bestand von 7 Staffeln mit je 3 MG-Maschinen und einer FT-Maschine (Funktelegraphie).

Die Engländer hatten eine Landung auf Borkum geplant. Diese ist wegen der Niederlage der Briten in den Dardanellen 1915 (Gallipoli im Osmanischen Reich, heutige Türkei) nicht durchgeführt worden. Der damalige britische marineminister und spätere Premierminister, Winston Churchill, hatte eigenhändig einen Plan zur Landung auf Borkum und Sylt ausgearbeitet. [12]

Pfingsten 1917 wurde der erste Jahrmarkt in der Geschichte Borkums abgehalten. Von Angehörigen der Garnison wurden Schau- Theater- und Schießbuden aufgestellt. Die Veranstaltung, die zur Unterhaltung der Militär- und Zivilbevölkerung dienen sollte, wurde auf der Promenade vor der Wandelhalle durchgeführt.

In der Hauptsache wurden sportliche Aktivitäten vorgeführt. Von Emden wurden ca. 500 Besucher mit Schiffen nach Borkum transportiert. Am ersten Pfingsttage überflogen zwei Flugzeuge der Flugstation den Sportplatz bei der Kaserne und überschütteten die Menge mit einem Blumenregen. Zum Schluss fand ein Feuerwerk am Strand statt.

Am 26.06.1917 berichtet die Borkumer Zeitung über die Bautätigkeit auf der Insel. Bei der damaligen Lage der Kriegswirtschaft war die Bauwirtschaft auf das notwendige Mindestmaß eingeschränkt. Es durfte nur noch das gebaut werden, was für die Kriegswirtschaft unbedingt notwendig war. Ab Herbst 1916 wurden daher alle Anträge auf Neu- und Umbauten an die Genehmigung des stv. Generalkommandos gebunden.

Am 03.07.1917 wurde aus der Gemeindeausschusssitzung vom 28.06.1917 berichtet. Neben Problemen der Lebensmittelversorgung, es wurde ein Kredit in Höhe von 30.000 Mark für die Lebensmittelstelle beschlossen, kam auch der Kleingeldmangel auf Borkum zur Sprache. Es wurde entschieden, Gutscheine im Wert von 5, 10 und 50 Pf. zu drucken. Diese Scheine hatten nur im Gemeindege-

Einweihung des Emmich-Denkmals 1917

biet Borkum Gültigkeit. Es musste jedoch noch die Genehmigung des Kreisausschusses eingeholt werden.

Einweihung des Emmich-Denkmals

Am 1. September 1917 wurde das Emmich-Denkmal durch Oberstleutnant Ruppricht, der seine Initiative durch Spendengelder finanzierte, eingeweiht. Frau General von Emmich und Seine Königliche Hoheit Prinz Sigismund von Preußen waren mit einem Sonderzug, zahlreiche Ehrengäste vom Festland mit einem Extradampfer der königliche Kommandantur eingetroffen. Neben Gemeindevorsteher Kieviet waren auch alle Spitzen der Borkumer Behörden und eine stattliche Anzahl vom Kriegerverein Borkum mit Orden und Ehrenzeichen zur Stelle. General Emmich, der im Herbst 1915 nach einer Krankheit verstorben war, war Befehlshaber des X. Korps, zu dessen Befehlsbereich auch die Festung Borkum gehörte.[13] Berühmt wurde Emmich durch die Eroberung des belgischen Forts Lüttich zu Beginn des Weltkrieges. In einer fast zweiwöchigen Schlacht bezwangen die zusammengezogenen Brigaden der 2. Armee unter dem General mit Unterstützung von 42-cm-Mörsern die zwölf Panzerforts der Stadt. Am 16. August 1914 war die Festung gefallen.

Eine Sturmflut vom 02.12.1917 riss nicht nur ein 70 m langes Stück der Strandmauer nieder, sondern schwemmte einige Teile der Süddünen weg und fraß sich bis unter den Bahndamm zwischen Dorf und Reede durch. Das Wasser stand bis an die Gleise. Die 10 cm-Kanonenstellung „Cuny“ wurde durch diese Sturmflut unbrauchbar und aufgegeben. Die drei Kanonen wurden in die Wolde-Stellung, ab Februar 1918 in die Batterie Gottberg, verlegt.

In die Nordsee mussten die Fußartilleristen sehr häufig hinaus, um Scheiben für das Übungsschießen der einzelnen Batterien an der Insel vorbeizuschleppen. Der schnelle und richtige Einsatz und das Einschießen der Batterien auf die verschiedenen Ziele wurde immer wieder geübt. Es verging kaum ein Monat, an dem nicht einmal, öfters auch an mehreren Tagen, aus den Batterien auf See- oder Landungsziele zu Übungszwecken geschossen wurde.

Die Kommandanten versäumten es aber nicht, auch für die Aufmunterung der in undankbarer Arbeit auf diesem wichtigen deutschen Außenposten ausharrenden Soldaten zu sorgen. Sie gaben eine Borkumer Kriegszeitung heraus (die über die Lage an allen Fronten berichtete, selten aber über Borkumer Aktuelles), sie arrangierten Konzerte und Sportfeste, für die Offiziere desweiteren Jagdritte. So berichtete die Kriegszeitung, dass es im Mai 1916 zu einem Fußballspiel zwischen der MG-Abteilung und den 34ern am Strand zwischen Buhne 22 und 23 kam. Bei den Ostlandbauern waren auf den Höfen auch Soldaten einquartiert. Bei W. Bekaan der weltberühmte Pianist Walter Gieseking (als Soldat), der damals auf Borkum zahlreiche Wohltätigkeitskonzerte gab.

An Verlusten hatte das II. Bataillon von Hintersin 15 Soldaten in den vier Jahren zu beklagen. 13 starben durch Krankheit. Ein Gefreiter verunglückte im November 1914 tödlich beim Kaninchengraben. Ein Austauschsoldat wurde bei einem Zugunglück in Hannover getötet. Ein Kanonier verübte im April 1915 Fahnenflucht.

Strandung von drei Vorpostenbooten

In der stockdunklen Nacht vom 6. auf den 7. Januar 1918 gerieten bei dem Versuch, in die während des Krieges nicht befeuerte Westerems einzulaufen, drei von fünf deutschen Vorpostenbooten auf das Hohe Riff. Eins hatte Glück und lief an dem Riff vorbei. Drei aber liefen mit voller Fahrt auf die Untiefe auf. Durch deren akustische Signale gewarnt, gelang es dem vierten Boot gerade noch zu stoppen und den Anker fallen zu lassen. Eins der gestrandeten Boote kam am Morgen wieder flott und wurde von einem Schlepper der Bugsier in den Borkumer Hafen geschleppt. Auf den beiden verbleibenden Booten klammerten sich die Seeleute an die Aufbauten, während die See darüber hinwegging. Einer nach dem anderen wurde in die eisige See gespült und ertrank. Jedoch konnte noch ein Seemann von dem holländischen Rettungsboot C.A. DEN TEX gerettet werden. 23 Seeleute fanden den Tod.[14]

Die einzelnen Batteriestellungen und Gefechtsstände

1. Artillerie-Kommandeurstand
   Alter Leuchtturm, seit 1911/12 für diese Aufgabe umgebaut, wobei ein Beobachtungsstand mit Fernsprechzellen eingebaut wurde. Diente 1914 als Fernsprech-Vermittlungsstelle und Wohnung des Artillerie-Kommandeurs, der in den folgenden Jahren meist im benachbarten Dorfhotel wohnte. 1916 Bau des neuen gepanzerten Artillerie-Kommandeurstandes nördlich des Exerzierplatzes (heute Fußballplatz TUS) bei der Artilleriekaserne.
2. Batterie Cuny
   Benannt nach dem Regimentskommandeur des Fußartillerieregiments Nr. 2. Baubeginn 1916 in den Woldedünen an der Bahnlinie. Zwei 10-cm-Kanonen, später drei. Nach der Sturmflut vom 02.12.17 unbrauchbar und Verlegung in die Woldestellung.
3. Batterie Gottberg
   Ab Ende Februar 1918 so nach Oberst von Gottberg bezeichnet, der von Ende 1917 bis Mitte 1918 Inselkommandant auf Borkum war, vorher Woldestellung. Im Dezember 1917 aus den Trümmern der Cuny-Batterie aufgebaut und mit diesen drei-10-cm Kanonen ausgerüstet.
4. Stellung Jägerheim
   Mitte 1918 waren hier zwei russische 7,62-cm-Schnellfeuerkanonen stationiert.
5. Muschelfeldbatterie
   Vier 9 cm Kanonen. Mitte 1918 zwei russische 7,62-cm-Schnellfeuerkanonen.
6. Stellung bei Richtstand II links
   Zwei 9-cm-Kanonen
7. Nordbatterie
   Zwei 9-cm-Geschütze
8. Batterie Oldenburg
   Zwei russische 25-cm-Kanonen, Rohrlänge 12 m, Gewicht 30 Tonnen. Ausgerüstet mit Panzerschilden. Granatengewicht 240 kg. Vor jeder Geschützbrü-

stung wurde ein 1,70 m tiefer Sandtrichter zur Verhinderung der Sandaufwirbelung ausgehoben. Die Geschütze waren im September 1915 von Deutschen Truppen bei Libau erbeutet worden. Sie wurden sofort aus den Bettungen ausgebaut und nach Deutschland zur Erprobung gebracht. Das ursprüngliche Kaliber betrug 254 mm. In den 30er Jahren modernisierte Krupp die zwei Geschütze, indem neue Selenrohre mit 238 mm Kaliber in die Mantelrohre eingezogen wurden. Somit waren die zwei Geschütze den deutschen 24 cm angeglichen.

Bei Ausbruch des 2. Weltkrieges rückten einige schwere Marine-Küstenbatterien in vorgefertigte Stellungen des Westwalls ein. So wurde die Batterie Oldenburg in den Südschwarzwald verlegt. Nach kurzem Einsatz an der Westfront wurde sie im Juli 1940 in die Batterie Oldenbourg nach Calais[15] verlegt.

9. Batterie Ruppricht
   Benannt nach dem Inselkommandant (von 1915-1917) Oberstleutnant Ruppricht. 1 km östlich des Elektrischen Leuchtturms in den Süddünen gelegen und mit vier 9-cm-Kanonen besetzt. Ab Mitte 1918 zwei russische 7,62-cm-Schnellfeuerkanonen.

10. Strandbatterie
   Südlich des Bahnhofes Borkum (Lüderitz), vier 15-cm-Schnellladekanonen. 1915-1917 Ausbau zum wichtigen Stützpunkt durch Bau von Schützenstellung um die Batterie.

11. Südbatterie
   Nahe des Elektrischen Leuchtturmes gelegen. 1913 für sechs 10-cm-Kanonen ausgebaut. 1916 zwei, Februar 1917 noch ein drittes Geschütz an Stellung Cuny abgegeben.

12. Wattbatterie
   Westlich des Tüskendörs gelegen. 1910 festungsmäßig für vier 28-cm-Haubitzen ausgebaut.

13. Wiesenbatterie
   Westlich der Wattbatterie gelegen. Unterkunft der Besatzung im Badezelt der Badeverwaltung. Vier 28-cm-Haubitzen.

14. Dünenbatterie
   Zwischen Olde- und Kobbedünen. 1910 für vier 15-cm-Schnellladekanonen festungsmäßig ausgebaut. Starke Versandung; Klinkerweg auf die Mitte der Stellung zuführend.

15. Gruppengefechtsstand Ost
Im Januar 1917 angelegter betonüberdeckter Wellblechraum.

16. Batterie Haardt
Bis 12.04.18 Ostbatterie, bis Ende 1916 Hörnstellung, bis Juli 1916 Hörnbatterie. Danach nach dem Regimentskommandeur des Fußartillerieregiments von Hintersin (1, Pomm.) Nr. 2 benannt. 1913/14 behelfsmäßig bei der Ostbake westlich der Steernklippdünen für vier 9-cm-Kanonen ausgebaut. Bereits am 11.08.1914 Abgabe von zwei Geschützen an eine neue Stellung beim Richtstand I rechts. Mehrfache Verlegung, u. a. in das Infanteriewerk Schmidt und zwischen das Werk Schmidt und Grimsehl. Mitte Juni 1918 Austausch der 9-cm-Kanonen gegen russische 7,62-cm-Schnellfeuerkanonen.

17. Batterie Hänisch
Bis 26.04.17 Russenbatterie genannt, bis Ende 1916 Batterie 768. Benannt nach dem kommandierenden General des stellvertretenden X. Armeekorps. Ende Juni 1916 zwischen Oldemanns-Oldedünen und Steernklipp-Dünen mit dem Ausbau der Geschützstände für vier russische, in Kowno erbeutete und von Krupp instand gesetzte 15-cm-Kanonen begonnen. 100 Mann waren erforderlich, die 5.000 kg schweren Holzbettungen durch russisches Hebezeug zu verlegen. Beim Einfahren der 18.000 kg schweren Geschütze senkte sich das Gleis stark. Hier wurde im März 1917 noch eine Scheinbatterie errichtet.

18. Batterie bei Hauptstand I
In den Oldmanns-Oldedünen gelegen. Im Hauptstand I befand sich schon 1910/11 eine provisorische Feuerleitanlage. Bewaffnung zwei 9-cm-Kanonen, die beide im Juni 1917 an die Kobbestellung abgegeben wurden.

19. Kobbestellung
Im Mai 1916 in den Kobbedünen für drei 9-cm, später vier 9-cm-Kanonen ausgehoben. Mitte 1918 durch vier russische 7,62-cm-Schnellfeuerkanonen ersetzt.

20. Stellung bei Richtstand I rechts
1914 zwei 9-cm-Kanonen von Hörnbatterie übernommen. Mitte 1918 durch zwei russische 7,62-cm-Schnellfeuerkanonen ersetzt.

21. Oldebatterie
1914 mit zwei 9-cm-Kanonen, später drei 9 cm Kanonen bestückt. Im Juli 1916 wurde hier auch die Flakbatterie 49 „Immelmann“ aufgestellt. Nach deren Verlegung im Dezember 1916 an das Tüskendör Bestückung mit vier 9-cm-Kanonen. Mitte 1918 Umrüstung auf vier russische 7,62-cm-Schnellfeuerkanonen.

22. Fort von Freyhold
    Auf der Vogelwärterkolonie wurde der Infanteriestützpunkt Fort von Freyhold vermutlich 1916 eingerichtet.
23. Fort Linde-Suden
    Zwischen der Vogelwärterkolonie und der Dünenbatterie wurde vermutlich 1916 das Fort Linde-Suden, benannt nach dem stellvertretenden kommandierenden General des X. Armeekorps, gebaut.
24. Infanteriewerk Schmidt
    Nördlich der Hörn-Batterie gelegen.
25. Infanteriewerk Grimsehl
    Südlich der Hörn-Batterie gelegen.

Da das Westland mit Steilfeuergeschützen besser als das Ostland bestückt war, sollte dieses 1918 noch vier 38-cm-Kanonen erhalten. Eine Stellung wurde hierfür gebaut, aber nicht mehr bezogen. Die Zahl der Geschütze ist von August 1914 von 36 auf 52 bis 1917 gestiegen. Die Zahl der Batteriestellungen von elf auf 16, von denen drei aufgegeben sowie mehrere verlegt worden waren. Ende Mai 1918 sind sämtliche 9-cm-Kanonen durch russische 7,62-cm-Schnellfeuergeschütze ersetzt worden. 1915 rückten etwa 25 Unteroffiziere und 350 Mannschaften an die Front ab.

Die Kapitulation

Die Revolution brachte am 8. November 1918 auch auf Borkum den üblichen Soldatenrat, dessen Tätigkeit darin bestand, dem Regimentskommandeur die sofortige Abreise dringend nahe zu legen. Einen Tag später gab der Soldatenrat auf Plakaten an die Besatzung der Insel Borkum bekannt, dass in Übereinstimmung mit der Kommandantur ein Beschluss, der 16 Punkte enthielt, gefasst worden war. Diese Punkte enthielten u. a. die Schließung des Offiziers-Kasinos, die Beschlagnahme und Verteilung der Verpflegung, die Verwaltung der Kantinen und Soldatenheime, sowie in diversen Punkten das Verhältnis zwischen Offizieren und Mannschaften. Am 11.11.1918 um 7.30 Uhr kabelte der Soldatenrat Wilhelmshaven an die Flugstation Borkum: „Flugaufklärung aufrechterhalten, bis weitere Anweisung kommt". Um 8.15 Uhr desselben Tages kam der Befehl der Marineleitung: „Am 11.11.1918, 12 Uhr mittags, trat an allen Fronten der abgeschlossene Waffenstillstand in Kraft. Mit diesem Zeitpunkt sind alle Kriegshandlungen einzustellen".

3.300 Einwohner zählte die Insel 1914. Nach dem Zusammenbruch 1918 waren 73 Borkumer Männer gefallen.

Seit der Mobilmachung waren von den Truppenteilen Requisitionen in erheblichem Umfang vorgenommen worden. Insbesondere waren dies Badezelte, Badekarren und Inventar. Die zum Badestrand führenden Treppen und Rampen wurden von den Truppen beseitigt.

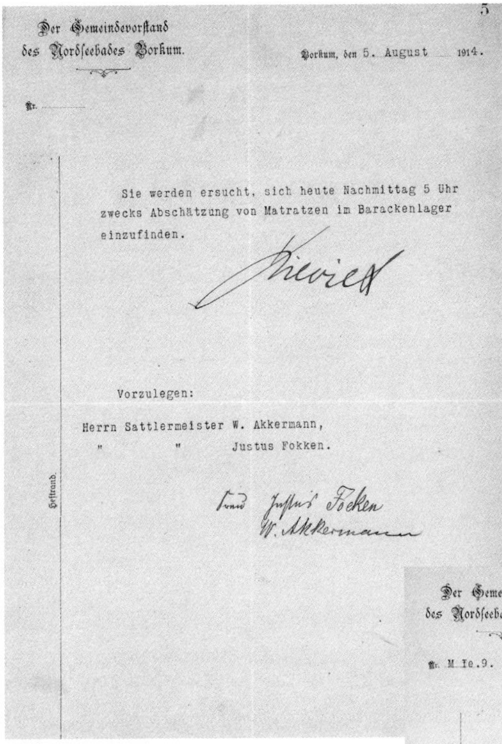

5

Der Gemeindevorstand
des Nordseebades Borkum.

Borkum, den 5. August 1914.

Nr.

Sie werden ersucht, sich heute Nachmittag 5 Uhr zwecks Abschätzung von Matratzen im Barackenlager einzufinden.

Vorzulegen:

Herrn Sattlermeister W. Akkermann,
" " Justus Fokken.

Abschätzung von Matratzen

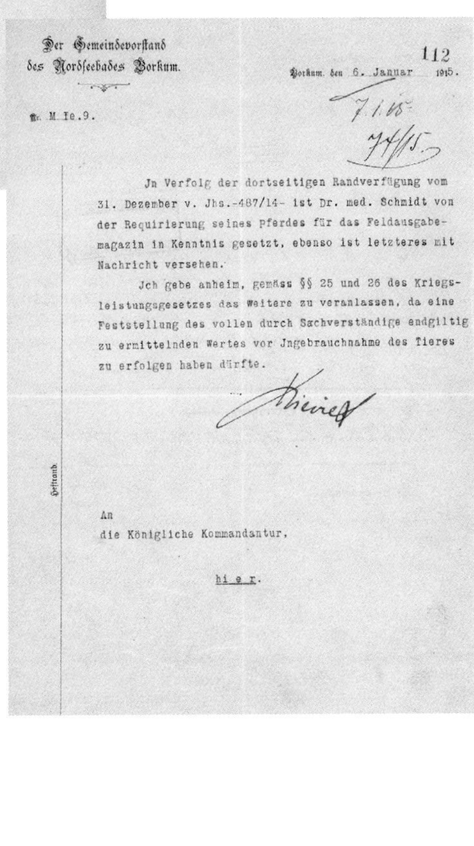

Der Gemeindevorstand
des Nordseebades Borkum.

112

Borkum, den 6. Januar 1915.

Nr. M Ie.9.

Jn Verfolg der dortseitigen Randverfügung vom 31. Dezember v. Jhs.-487/14- ist Dr. med. Schmidt von der Requirierung seines Pferdes für das Feldausgabemagazin in Kenntnis gesetzt, ebenso ist letzteres mit Nachricht versehen.

Jch gebe anheim, gemäss §§ 25 und 26 des Kriegsleistungsgesetzes das Weitere zu veranlassen, da eine Feststellung des vollen durch Sachverständige endgiltig zu ermittelnden Wertes vor Jngebrauchnahme des Tieres zu erfolgen haben dürfte.

An
die Königliche Kommandantur,

hier.

Requirierung eines Pferdes

Auf Befehl der Kommandantur wurden zehn Gebäude, unter Verwendung von zusätzlichen Betten aus dem Eisenbahnheim und dem Hotel Deutsches Haus, zu Reservelazaretten eingerichtet. Die Gaststätte Upholm und das Gehöft Bloemfontain erklärte man zum Seuchenlazarett.

Alle Pferde, Gespanne und Wagen mussten in der Kaserne vorgeführt werden und wurden zum Teil requiriert. Die Hotelbesitzer mussten dem Garnisonlazarett Eis aus ihren Eiskellern abgeben.

Für alle Requisitionen wählte der Emder Kreistag nach dem Kriegsleistungsgesetz von 1873 eine Kommission, die die Gegenstände abschätzte. Sie bestand aus einem Vertreter der Kommandantur, der Fortifikation, der Gemeinde, des jeweils Betroffenen und unparteiischen Sachverständigen.

Die Gemeindeverwaltung hatte auch Kostenersatz für die ihr entstandenen Schäden an Badekarren und Badezelten erhalten. Doch das in diesen befindliche Inventar wurde zunächst von der Königlichen Intendantur des X. Armeekorps Hannover und vom Kriegsministerium in Berlin mit der Begründung abgelehnt, das Inventar sei nicht auf Befehl, sondern zum persönlichen Gebrauch einzelner Soldaten entnommen worden. Schließlich entschied der Ausschuss zur Feststellung von Kriegsschäden in Berlin nach einem regen Schriftverkehr mit der Gemeinde im Dezember 1918 eine Kostenübernahme in Höhe von 7.116,18 M.[16]

Requirierung von Möbeln

3. Zwischen den Weltkriegen (1918 - 1939)

Schicksal der Seefestung nach dem Krieg

Nach dem Krieg gingen die militärischen Anlagen in die Verwaltung des Reichsschatzministeriums über. Ein Teil der militärischen Anlagen, nämlich die artilleristische Befestigung, blieb nach Kriegsende erhalten und wurde nicht geschleift. Dies war ausdrücklich im Friedensvertrag von Versailles vom 28.06.1919 so festgeschrieben. Die Alliierten verlangten von vornherein nur, dass „alle befestigten Werke, Festungen und Landbefestigungen, die auf deutschem Gebiete im Westen bis zu 50 km östlich des Rheines liegen", abgerüstet und geschleift werden (Artikel 180). Gemäß Artikel 167 wird u. a. der Höchstvorrat an Munition für die Küstenforts, „deren Beibehaltung Deutschland erlaubt ist", für jedes Kaliber genau festgelegt. Ferner bestimmt Artikel 196, dass alle befestigten Werke und Seebefestigungen, die weniger als 50 km von der deutschen Küste oder auf deutschen Inseln dieses Küstengebietes errichtet sind, als zur Verteidigung bestimmt erachtet werden und in ihrem augenblicklichen Zustand bestehen bleiben dürfen.

Einweihung des Denkmals für die Gefallenen der II. Marinebrigade (Ehrhardt) im Juli 1921

Die Batterie Oldenburg in den Norddünen

Anders lagen die Dinge bezüglich der Seeflieger-Station. Hier bestimmte Artikel 198, dass „die bewaffnete Macht Deutschland keine Land- und Marineluftstreitkräfte umfassen darf".

Borkum ist frei!

Borkum ist frei! So lautete die große Überschrift auf der ersten Seite des im Jahre 1919 erscheinenden Borkum-Prospektes. „Die aus militärischen Gründen über die Nordseeinseln und besonders über Borkum verhängte Sperre ist aufgehoben" schrieb damals die Badekommission in den 15 Seiten starken Werbeprospekt, der kaum größer war als eine Postkarte. Und weiter hieß es:

„Es bedarf hinfort keines Ausweises mehr für das Betreten der Insel. Dazu ist die völlige Bewegungsfreiheit wieder hergestellt. Nur die aus der Vorkriegszeit herrührenden permanenten Werke sind verboten. Sonst mag der Wanderer gehen,

Auf dem Weg in die Kaserne (Ecke Barbaraweg, Hindenburgstraße)

wo es ihm beliebt. Die Hindernisse und Drahtzäune, insbesondere das aus russischen Festungen stammende Gitter auf der Strandmauer und dem Nordstrande sind oder werden noch beseitigt. Die Feldbefestigungen, Geschützstellungen, Schützengräben und dergleichen Anlagen werden als interessante Überbleibsel der Kriegszeit erhalten bleiben, sie fügen sich ja ohne Zwang in das Landschaftsbild ein".

Und unter der Rubrik „Sehenswertes" wurden neben den Leuchttürmen der Emmichstein, Feldbefestigungen, schwere Batterien sowie die Telefunken- und Seeflugstation aufgeführt.

1919 wurde die Seefestung Borkum nach einer Vereinbarung mit der Reichswehr von der Marine übernommen und der Kommandantur Emden unterstellt. Die „Marine-Nachrichten- und Funkspruchstelle Borkum" wurde nach dem Krieg von den Marinesoldaten in Zivil weiterbetrieben. 1923 übernahm die Reichsmarine diese Dienststelle. Knapp 30 Mann – überwiegend Funker, daneben Signäler, Fernschreib- und Maschinenpersonal – versahen in der Marinesignalstelle ihren Dienst.

An Einheiten blieb nach dem Krieg nur ein kleines Wachkommando zurück, das sich aber auch bald auflöste. Im Oktober 1920 kam die hauptsächlich aus der Marinebrigade Ehrhardt in Wilhelmshaven zusammengestellte Küstenwehr-Abteilung II nach Borkum und Emden. Deren 1. und 2. Kompanie und der Stab blieben bis Oktober 1923 in Borkum. Von da ab wurde die verkleinerte Abteilung und der Stab nach Emden verlegt.[17]

Die Festungsanlage wurde mit Langrohrgeschützen vom Kriegsschiff ZÄHRINGEN mit einer Reichweite von 32 km ausgerüstet.[18] Die ZÄHRINGEN war umgerüstet worden und diente u. a. auch vor Borkum als Zielschiff.

Die beabsichtigte Aufnahme von 600 Flüchtlingen aus Elsaß-Lothringen erfolgte nicht.

Von 1919 bis 1923 war die 6. Marine-Artillerie-Abteilung, die in Emden stationiert war, immer wieder zu Übungszwecken auf Borkum.

1921 brachte man zwei Infanteriekompanien mit 301 Soldaten mit Stab und 50 Pferden auf der Insel in der Seeflugstation unter. Da in den Kasernen noch die alten Eisendrahtleitungen lagen, konnte pro Raum nur eine 25 Watt Beleuchtung erlaubt werden, was zu viel Unmut bei der Mannschaft führte.

In den Jahren 1925-28 fanden auf Borkunm regelmäßig im Herbst die Festungskriegsübungen und 1928 die erste Luftschutzübung statt.

Das Geschützrohr während der Beförderung von der Batterie zum Hafen. Vorn und hinten je eine Dampflok.

Der Dampfschienenkran mit 3 t Hubkraft beim Absetzen eines Privotteils.

Das 28-cm-Rohr auf den zusammengekoppelten Schwerlastwagen.

Beförderung von zwei Geschützen nach Emden.

Die 25,4-cm-Geschütze der Batterie Oldenburg wurden im August 1929 vom Artilleriedepot Borkum ausgebaut und über die Gleise der Marine und der Borkumer Kleinbahn zum Hafen befördert und dort mit Hilfe des Arsenalkranes (65 t Schwimmkran aus Kiel) in einen 150 t Prahm der Werft verladen.

Die für den Ausbau der Rohre benötigten 40/60-t-Hebezeuge beförderte der Werftschlepper Melm mit Prahm W.K. 10 im August 1929 von Kiel nach Borkum.

Die Geschützrohre wurden auf einem 10-t-Eisenbahnwagen des Artilleriedepos verladen und mit zwei Dampflokomotiven der Borkumer Kleinbahn – eine vorne und eine hinten – zum Hafen transportiert. Eine Lokomotive zog an einer 10 m langen Stahlstange vorne, die zweite hinten, um nötigenfalls zu bremsen.

Beim Heben eines Geschützrohres brach der Schäkel eines Stropps und das Rohr fiel in den Hafen. Die Mündung schlug auf die Reling des Prahms W.K. 10 und beschädigte diese. Bei Niedrigwasser konnte festgestellt werden, dass das Rohr tief im Schlick versunken war. Mit Hilfe des Dampfschienenkrans der Borkumer Kleinbahn baggerte man den Schlick neben dem Geschützboden aus, so dass der vom Wasserstraßenamt Emden herbeigeholte Taucher den zweiten Stropp am Bodenstück unter das 30 t schwere Rohr schieben konnte.

Am 25.08.29 ging der Schleppzug mit Schlepper Melm und Prahm W.K. 10 von Borkum zu den Nordseewerken Emden. Von dort wurden die Geschütze verladen und zur Firma Krupp nach Essen weiter transportiert.[19]

Schwimmkran bei Hochwasser nach dem Drehen, kurz vor Einfahren des Prahms WK 32.

Einweihung des Kriegerdenkmals

Das Kriegerdenkmal

Initiator zum Bau des Kriegerdenkmals war der Borkumer Kriegerverein mit einem Denkmalausschuss, der im April 1924 einen Wettbewerb ausschrieb. Aufgrund dieser Ausschreibung lagen dem Preisgericht 60 Entwürfe vor. Die Enthüllung des Denkmals für die Borkumer Gefallenen fand am 02. Juni 1925, einem Pfingstsonntag, statt. Der ganze Ort prangte im Fahnen- und Girlandenschmuck. Rings um das Denkmal hatten die Vereine und eine große Menschenmenge sowie die Musikkapellen Aufstellung genommen. Pastor Münchmeyer hielt die Gedächtnisrede. Der Vorsitzende des Kriegervereins nahm die Enthüllung des Denkmals vor. Schlicht und einfach in Form eines Seezeichens sollte das Denkmal allen ein Wegweiser sein. Im Auftrage des Kriegervereins und des „Stahlhelm" wurde das Denkmal der Gemeinde Borkum übergeben. Nach der Übergabe an Bürgermeister Kieviet erfolgte unter den Klängen der Musikkapellen ein Umzug durch den Ort.

Da sich nordwestlich des Kriegerdenkmals damals nur Dünen befanden, bestand zeitweilig die Gefahr, dass die Anlage versandete. Im April 1926 wird berichtet, dass die Mitglieder des Kriegervereines und des „Stahlhelm" damit beschäftigt waren, die Dünen durch Hürden und Helm zu befestigen, um den Denkmalsplatz in einem würdigen Zustand zu halten.

Später entstand der Plan, das Borkumer Ehrenmal zu erweitern und die Namen der Gefallenen und Vermissten auf Platten um das Ehrenmal anzubringen. Waren es zunächst 73 Tote, zu deren Ehre das Denkmal errichtet wurde, so erhöhte sich ihre Zahl durch den Zweiten Weltkrieg auf 306 Opfer.[20]

Wernher von Braun

In einem Geheimbericht vom 28.01.1935 wurde über das Versuchsschießen mit den Flüssigkeitsraketen „Rauchspurgerät II" (Rauchspurgerät I waren Pulver- oder Feststoffraketen) detailliert berichtet. Neben zehn Raketentechnikern aus Kummersdorf bei Potsdam, waren auch ca. 60 Borkumer bei dem Projekt beteiligt.

Ein handschriftlicher Vermerk vom 17.12.1934 mit der Überschrift „Reichswehrminister" lautet:

„Hiermit wird befohlen, dass die gesamten im Dezember 1934 durchgeführten Versuche des Heereswaffenamtes auf Borkum streng geheim sind.

Es wird ausdrücklich verboten:

1. Irgendwelche schriftlichen Aufzeichnungen zu machen oder über die Versuche zu schreiben,
2. photographische Aufnahmen herzustellen.
3. sich über die Versuche außerdienstlich untereinander oder mit Dritten zu unterhalten. Bei Fragen von dritter Seite ist zu antworten, dass (über) die Art des Versuchs nichts bekannt sei.

I.A.

Major und Referent

Kenntnis genommen: – es folgen alle Unterschriften –"

Am 10. Dezember 1934 fuhr das Vorauskommando mit Dr. von Braun, Ing. Riedel, OFw. Sommermeyer, Vorschlosser Grünow und Großkopf sowie Schlosser Lehman nach Borkum, um mit den Vorbereitungsarbeiten zu beginnen.

Es wurde ein zwölf Meter hoher Abschussmast vor der Batterie Duala aufgestellt, die elektrischen Schaltungen für das Drehstrom-Anwurfgerät vorgenommen und die notwendigen Kreiselanlaufversuche an Ort und Stelle durchgeführt. Alle Vorbereitungen konnten dank der guten Unterstützung durch das Artillerie-Depot und die Festungskommandantur Borkum schnell und programmgemäß durchgeführt werden, sodass, wie geplant, am 17.12.1934 nachmittags Startbereitschaft vorhanden war. Wegen des schlechten Wetters musste der Abschuss aber zunächst verschoben werden. Alle Bewohner des Ostlandes mussten ihre Häuser verlassen. Die Starts filmte und fotografierte ein „Zeitlupenoperateur". Diese Aufnahmen dürften in den Wirren des Krieges verloren gegangen oder vernichtet worden sein.

Der erste Start erfolgte am 19. Dezember 1934 mit der „A2"-Rakete namens „MAX". Ihr Brennschluss erfolgte in 1.700 m Höhe. Im Freiflug begann die Rakete stark zu schlingern, bis sie sich überschlug und abstürzte. Die Rakete wurde ca. 800 Meter von der Abschussstelle wiedergefunden.

Der zweite Erprobungsflug mit der „A2"-Rakete „MORITZ" erfolgte am 20. Dezember 1934, eine Viertelstunde nach Sonnenaufgang. Bei diesem zweiten Erprobungsflug zeigte sich die Wirksamkeit der Kreiselstabilisierung. Am Ende einer 200 m hohen Starkwindschicht stabilisierte sich die „A2"-Rakete und flog stabil bis zur Brennschlusshöhe. Die Gipfelhöhe dieses Erprobungsflugs betrug rund 2.200 m. Oberhalb des Brennschlusspunktes verloren alle Beobachter das Gerät aus den Augen. Auch der Aufschlag konnte von keinem beobachtet werden. Es wurde daraufhin von der Flugstation Norderney ein Flugzeug angefordert, das den Aufschlagpunkt suchen sollte. Nach einigen vergeblichen Bemühungen konnte das Gerät dann etwa 500 m vom Dünenrand entfernt im Schlick des Wattenmeeres entdeckt werden.

Dimensionen der A2-Raketen:

Länge 1,61 m

Kaliber 31,4 cm

Leergewicht 72 kg

Startgewicht 107 kg

Schubkraft 320 kp

Antriebsdauer (Brennzeit) 16 s

Nach diesem Erfolg der „A2"-Raketen konnten wesentlich weiterreichende Raketenkonfigurationen gewagt werden. Diese Planungen führten zur Entwicklung der „A3"-Rakete.

Zitat über die erfolgreichen Starts der A2[21]:

„Es war für mich ein erhebendes und stolzes Gefühl. Wir hatten den Beweis, dass wir auf dem richtigen Weg waren. ‚Max' und ‚Moritz', je etwa mannshoch und mit einem Durchmesser von dreißig Zentimetern, angetrieben von Alkohol und flüssigem Sauerstoff, waren die ersten Raketen, die damals über zwei Kilometer hoch flogen.

Was für mich viel wichtiger war, ist dies: Die beiden waren mein ganz eigenes Werk. Ich habe sie selbst konstruiert, jede ihrer Schrauben am Zeichenbrett entworfen, den Druckregler konzipiert – kurz und gut, ich habe sie von A bis Z zusammengebastelt.

‚Max' und ‚Moritz' hatten mir, wie ich so formulieren darf, zum Durchbruch verholfen."

Für die Belange der Raketenhistorie sind aber noch andere Fakten von Bedeutung. Die Nordseeinseln galten seit Wernher von Brauns „schulischer Vergangenheit" (er lernte einige Zeit im „Landerziehungsheim" Hermann Lietz auf der Nordseeinsel Spiekeroog) als Geheimtipp der Familie. Aber schon einige Jahre vor ihnen suchte der bekannte Wilhelm Busch (15.04.1832 bis 09.01.1908) auf Borkum seine Ruhe. Er verweilte in den 70er Jahren des 19. Jahrhunderts in den Sommermonaten häufig dort. Hier schrieb er einige seiner Geschichten und Gedichte.

Dieses als Hintergrundinformation im Kopf habend, wird sich Wernher von Braun sicher gedacht haben, „Da werd ich mal meinen Lieblingsrabauken aus Kinderzeiten doch noch ein rühmliches „Ende" setzen …". So benannte man die beiden ersten Flüssigkeitsraketen des Heereswaffenamtes vom Typ Aggregat 2 nach Wilhelm Buschs Bildergeschichte MAX und MORITZ und schickte sie an der virtuellen Geburtsstätte in die „ewigen Jagdgründe"…

Wernher von Braun soll nach den Starts der beiden Raketen ins Wasser gesprungen sein, um nach den Resten zu suchen – im Dezember!!

Die A 1 (A von Aggregat) wurde ab 1933 in Kummersdorf im Forschungs- und Versuchsprogramm des deutschen Heeres im Prüfstand getestet, flog jedoch nie. 1934 begann unter der Leitung von Dr. Dornberger – von Braun war zu der Zeit noch Assistent – die Arbeit an der A 2. Der Erfolg der Flüge ermutigten Dr. Dornberger und seine Mitarbeiter zu weiteren Versuchen mit Raketen, die mit flüssigem Treibstoff angetrieben wurden. Ein weiterer Erfolg war, dass sich das Heer nunmehr verstärkt für die Raketenforschung interessierte und mehr Personal und finanzielle Mittel zur Verfügung stellte. Somit erfolgte der Bau der Heeresversuchsanstalt Peenemünde auf der Ostseeinsel Usedom. Hier wurde dann die Großrakete Aggregat 4 entwickelt, die von der Reichspropaganda als V 2 (Vergeltungswaffe) bezeichnet wurde. In Peenemünde erfolgte auch die Ent-

wicklung und Erprobung der V 1 (Fieseler Fi-103) durch die Luftwaffe. Beide Waffen führten zu erheblichen Schäden und vielen Toten u. a. in England und Antwerpen.

Nach dem 2. Weltkrieg arbeitete von Braun maßgeblich in den USA an dem Saturn-Raketenprogramm der NASA. Andere Mitarbeiter von Brauns halfen, die russischen Raketen weiter zu entwickeln. Mit dem Apollo-Raumschiff erreichte erstmalig der Mensch 1969 den Mond. Die gesamte zivile und militärische Raketentechnik in Ost und West fußt auf den Erkenntnissen des ersten geglückten Starts von 1934.

Eine bedeutende geschichtliche Entwicklung, die ihren Anfang auf Borkum machte.

Wiederaufrüstung

1935/36 spülte man das Gelände des Neuen Hafens für den Seefliegerhorst auf. In die Umfassungsmauern wurden 1,5 Millionen Kubikmeter Sand aus dem Wattenmeer mit Saugbaggern hinein gepumpt. Es wurde eine Barackenstadt für 2.000 Arbeiter errichtet. Die Arbeiter kamen überwiegend aus dem Raum Ostfriesland. Die Baracken standen in dem ehemaligen Bereich der Seemannschaftslehrgruppe (Nordteil des späteren Bundeswehrgeländes). Zwei mächtige Flugzeughallen, in denen je zwölf Flugzeuge Platz hatten, wurden errichtet. An der Kaimauer vor dem Randzel stand ein Kran, der die Wasserflugzeuge mit laufendem Motor zu Wasser ließ bzw. nach der Wasserlandung wieder an Land hievte. Die Start- und Landebahn war im Borkumer Wattfahrwasser Richtung Emsmündung mit Tonnen gekennzeichnet.

1938 war Richtfest für die ganze Anlage. Es waren 2.500 Personen in der Werfthalle versammelt. Es gab 90 hl Bier und aus fünf Gulaschkanonen wurde Labskaus verteilt. 1938 legte man den Grundstein zum Bau des Neuen Hafens. Dieser war zunächst als U-Boothafen gedacht, wurde aber hauptsächlich von Minensuchern und Vorpostenbooten benutzt. Nach Beendigung der Hauptbauarbeiten riss man die Barackenstadt wieder ab.

Die Reedestraße (Betonstraße zum Hafen) wurde in einer Länge von 5,5 km ausgebaut. Bis zur Fertigstellung der Straße mit allen Anschlüssen musste Wasser vom Festland für die Baustellenversorgung geholt werden. Der Sand für diese außendeichs überhöht liegende Straße entnahm man der Kiekerdüne an der Deichstraße. Über ein Jahr lang liefen kleine Loks und Loren auf Feldbahngleisen mit dem Sand zur Baustelle. Die Arbeiten erfolgten damals noch mit Schaufeln. Zur Abdeckung der Straßenböschung und der aufgespülten Sandfläche des Fliegerhorstes entnahm man aus dem fruchtbaren Polder vor dem Alten Deich guten Marschboden. Das gab bei der Bevölkerung viel Ärger, denn das Gebiet war bestes Weideland. Bis auf 1,5 m Tiefe wurde hier auf sechs ha der Schlick entfernt.

In der Hindenburgstraße wurden Wohngebäude für die Marine (mit roten Ziegeln) und in der Richthofenstraße für die Luftwaffe (mit schwarzen Ziegeln) gebaut.

Adolf Hitler auf Borkum

Am 12. Juni 1936 lief der Aviso Grille, aus Wilhelmshaven kommend, die Reede an. An Bord befand sich der Führer und Reichskanzler Adolf Hitler und Gauleiter des Gaues Weser-Ems, Wegener. Da die Grille nicht in den Hafen einlaufen konnte, holte man die Gäste mit dem Boot UZ 32 ab. Vom Hafen aus fuhr eine Militärlok mit dem rotgepolsterten Kaiserwagen Hitler in den Ort. Während der Fahrt stand Hitler auf dem vorderen Peron. Die Admiralität und seine Begleitung saßen im Wagen. Nach dem Vorbeimarsch und der Begrüßung der Verbände und des Borkumer NS-Ortsgruppenleiters Jan Akkermann (genannt Jan Varus) ging die Fahrt des Führers zu den Geschützstellungen der Batterie Coronel. Eine dort geplante Schießübung fiel wegen Nebels aus. Am gleichen Tag erfolgte die Abreise.[22]

Batterien auf Borkum:

1. Schwere Batterie Coronel (Marine-Artillerie-Abteilung - MAA 116),
   Benannt nach einem chilenischen Hafen, vor dem am 01.11.1914 unter Admiral Graf Spee ein deutsches Geschwader die englischen Panzerkreuzer Good Hope und Monmouth versenkte. Sie bestand aus 40 Bunkern für 450 Soldaten, die 11 m lange 28-cm-Geschütze bedienten. Die vier 28-cm S.K. L/50 im Bettungsschießgerüst standen in Kesselbettungen.

   Jede Granate wog sechs Zentner. Für jeden Schuss waren zwei Zentner Pulver nötig. Am Nordstrand hinter der Strandmauer zwischen Sturmeck und Seeblick befand sich der mächtige „Hauptleitstand Coronel", der nicht mehr fertig gestellt wurde. Der Peilstand I Coronel befand sich nordwestlich der Ostbake auf Duala; der Peilstand III am Greune-Stee-Weg gegenüber vom Grundstück van Dyken (Stahlgittermast mit Plattform). Ein Leitstand II ist nicht bekannt. Es könnte der nie fertig gestellte Hauptleitstand am Nordstrand ge-

Batterie Coronel beim Schuss

Bunker-Batterie Duala

wesen sein. Zur Batterie gehörte ebenfalls ein Rechenzentrum im jetzt von Rosen überwucherten Bunker gegenüber dem Flugplatz.

2. Batterie Lüderitz (MAA 116),

   Benannt nach einem Bremer Kaufmann und Kolonialpionier, der 1883 den Hafen von Angra Pequena in Afrika – heute Lüderitz – mit Hinterland kaufte. Die Erklärung des Reichsschutzes 1884 für das Lüderitz gehörende Gebiet bedeutete den Beginn amtlicher deutscher Kolonialpolitik.

   Hier waren zwei 15-cm Zwillingsschiffsgeschütze und Flak stationiert. [23]

3. Batterie von Holtzendorff (MAA 116)

   Nach dem Chef der deutschen Hochseeflotte bis 1914 Großadmiral von Holtzendorff benannt, lag am Südstrand mit vier 15-cm-Geschützen.

   Gefechtsklar am 21.12.1944. Diese, zum Teil noch aus dem Ersten Weltkrieg stammende Batteriestellung, lag gleich nach dem Krieg durch Sturmfluten im Brandungsbereich.

Batterie Ostland

Winterstellung in den Dünen

Marinehelfer vor 10,5-cm-Kanone der Batterie Ostland SK. C/32 n.l. in 8,8 cm MPL C 20 D

Leichte Flak der Batterie Coronel

4. Batterie Strasser, auch Woldedünen genannt (Marine-Flak-Abteilung – M.Fla.A 4./216)
   Nach dem Führer der Luftschiffe (1914-18), Fregattenkapitän Peter Strasser (gefallen am 5.8.1917 an Bord von L 70) benannt und mit vier 10,5-cm-Flakgeschützen bestückt. Hinter dieser Batterie befanden sich auch die Munitionsbunker für Seeminen und Torpedos der Seeflieger.

5. Batterie Borkum II, auch Flughafen genannt (M.Fla.A 5./216)
   Diese befand sich an der Reedestraße kurz vor der Reede. Den dortigen Bunkern hatte man zu Tarnzwecken die Form und Farbe von Bauernhäusern gegeben. Die Bestückung bestand aus vier 10,5-cm-Flakgeschützen.

6. Flakbatterie Fischerbalje
   Mit vier 7,5-cm-Kanonen befand sich diese am Südende des Neuen Hafens.

7. Batterie Richthofen oder Ostland (M.Fla.A 2./216)
   Benannt nach dem erfolgreichsten deutschen Jagdflieger im Ersten Weltkrieg, Freiherr Manfred von Richthofen, befand sich diese östlich der heutigen Straße zum FKK-Strand. Sie war mit vier 10,5-cm-Geschützen und leichter Flak bestückt.

8. Übungsbatterie Kunde
Ihr Standort befand sich östlich von Richthofen. Bewaffnung: vier x 10,5-cm-Flak.

9. Lehrbatterie Togo
Benannt nach der deutschen Kolonie Togo in Afrika. Sie befand sich nördlich der Ostlanddünen. Diese Batterie wurde immer stark durch Flugsand verweht, so dass die dort stationierten Soldaten mehr die Schaufel als das Gewehr in die Hand nehmen mussten. Das gleiche galt für die dort verlegten Gleisanlagen. Hier standen etwa 25 Bunker. Bewaffnung: 4 x 8,8 cm und zwei x 3,7-cm-Flak.

10. Batterie Hänisch
Sie lag in den Oldemanns-Oldedünen westlich der Ostbake mit drei 15-cm-Geschützen. Gefechtsklar am 3.03.1945. Im Bereich des Leitstandes dieser Batterie befand sich auch die „VO“ (V-Null)-Anlage, wo die Mündungsgeschwindigkeit der Geschosse gemessen wurde.

11. Flakbatterie Duala oder Steernklipp
Benannt nach der Hafenstadt Duala in der ehemaligen deutschen Kolonie Kamerun in Afrika. Hier befanden sich 60 Bunker und vier 10,5-cm-Flak. Die Länge der Gleisanlage von hier bis zum Bahnhof betrug 9,2 km. Sie gehört zu Nr. 2. Lüderitz

Flakfeuer

Leitstand und Geschütz Batterie Ostland

Das Depot Falkland befand sich zwischen der Kaserne Mitte und der Batterie Coronel. Es war benannt nach einer Inselgruppe im Südatlantik vor der argentinischen Küste. Am 08.12.1914 wurden dort die Panzerkreuzer SCHARNHORST und GNEISENAU sowie die kleinen Kreuzer NÜRNBERG und LEIPZIG von englischen Linienschiffen versenkt. Es handelte sich um ein Gebäude- und Barackenlager. Dort befanden sich u.a. der Laborierschuppen und der Nebelschuppen. Vor Falkland am Barbaraweg standen – von Westen aus – der Lokomotivschuppen (beseitigt), der Scheinwerferschuppen (jetzt DRK u.a.) und die Artilleriewerkstatt (heute Domäne).

1938 waren auf Borkum 35 schwere See- und Flak-Geschütze vom Kaliber 7,5 - 28 cm in Stellung gebracht. 40 leichte Flakstellungen (Einfach- und Zwillingsgeschütze vom Kaliber 2 und 3,7-cm) waren vorhanden. 16 Scheinwerfer konnten die Himmel nach feindlichen Bomber absuchen. Bei Bedarf konnten weitere Scheinwerfer auf Lafettenwagen auf dem Gleisnetz an ihren Standort gezogen werden. Beim heutigen Obdachlosenheim am Seedeich standen vier 30 m hohe Sendemasten. Dieses Gebäude war eine Funksicherungsstelle des Heeres. Vorsorglich hatte man bei einer Scheinwerferstellung ein Boot vertäut, das im April 1944 die ganze Besatzung eines Werfers aufnehmen musste, als bei einem besonders hohen Wasserstand die Scheinwerferstellung am Siel des Sommerdeiches

Flugabwehr auf dem Alten Turm

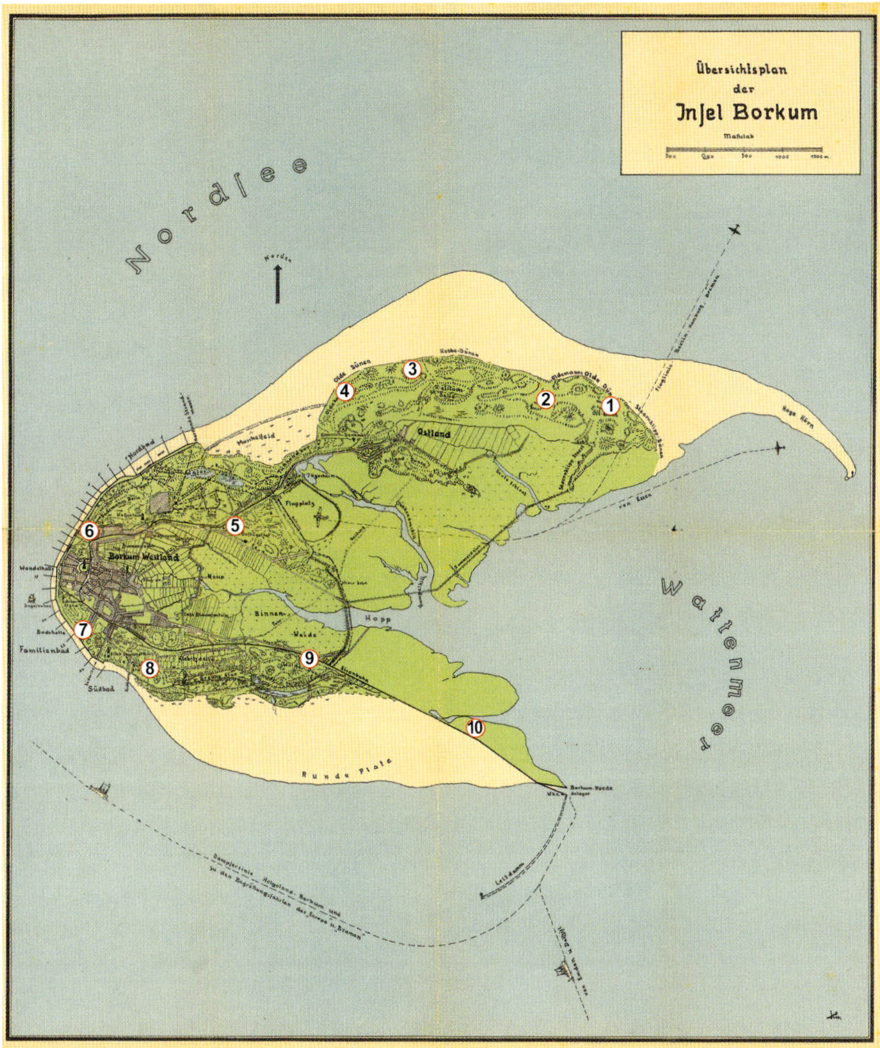

1. Flakbatterie Duala oder Steernklipp
2. Batterie Hänisch
3. Übungsbatterie Kunde und Lehrbatterie Togo
4. Batterie Richthofen oder Ostland
5. Schwere Batterie Coronel
6. Batterie Oldenburg
7. Batterie Lüderitz
8. Batterie von Holtzendorff
9. Batterie Strasser, auch Woldedünen genannt
10. Batterie Borkum II, auch Flughafen genannt

Gruppenbild der ersten Marinehelfer 1943 vor dem Dorfhotel

verloren ging. Zum Schutz der Reede zur Abwehr von feindlichen Tieffliegern lag zu Beginn des Krieges noch ein Trupp mit Fesselballons entlang des Bahnkörpers auf der Wattenmeerseite. Da der häufige Wind diesen dicken Würsten schwer zu schaffen machte, waren sie nur bei schönem Wetter oben. Nach kurzer Zeit wurde diese Truppe wieder abgezogen.

Auf der Insel befanden sich 169 Bunker und ca. 300 Gelände, Lagerhallen, Baracken, Magazine und Depots. Am Ende der Bantjedünen lag ein 500 m langer Schießstand für die Infanterieausbildung. Die Norddünen waren in ihrer Gesamtheit vom Großen Kaap bis zum Neuen Deich eine geschlossene Befestigungsanlage, ständig bewacht und mit Hinderniszäunen umgeben. Nur zwei Wege führten für den Zivilverkehr durch die Dünen. Ein Scheinflughafen war 800 m östlich der Batterie Duala auf dem flachen Gelände zwischen der letzten und vorletzten Dünenkette eingerichtet. Dort standen etwa vier bis fünf Flugzeuge aus Holzlatten und Leinwand, die der He 111 nachgebildet waren.

Organisation der Küstenverteidigung

Für die Küstenverteidigung der Nordseeküste waren zwei Festungskommandanten zuständig, der Festungskommandant Ostfriesland in Wilhelmshaven und der Festungskommandant Nordfriesland in Cuxhaven, die mit Kriegsbeginn in Küstenbefehlshaber umbenannt wurden. Im Februar 1941 wurden beide Befehlsbereiche unter einem Küstenbefehlshaber Deutsche Bucht zusammengefasst. Die Organisation wurde im September 1944 wesentlich geändert. Ein kommandierender Admiral der Deutschen Bucht wurde ernannt, dem zunächst die Abschnittskommandanten unmittelbar unterstanden. Etwas später wurden Seekommandanten für drei Bereiche, u. a. Seeverteidigung Ostfriesland, u. a. mit dem Abschnitt Borkum ernannt.

Zum Abschnitt Borkum gehörten:

- Hafenschutzflottille Borkum
- M.Fla.A. (Marineflakabteilung) 216, Borkum
- M.A.A. (Marineartillerieabteilung) 116, Borkum
- Marineinselbataillon 350 Borkum (Ende 1944 aufgestellt)[24]
- Marinehelfereinsatzgruppe XXV

Am 08.05.1944 unterstellte der Sonderbeauftragte für den Einsatz der Marinehelfer beim Marineoberkommando Nordsee, Oberstudiendirektor Lohse, die Einsatzgruppe XXV Borkum, Untergruppe des Abschnitts Inseln, dem Schulleiter der Mittelschule Borkum (heute Berufsschule).[25]

Schon zur Friedenszeit war eine große Aktivität der hier anwesenden Truppe deutlich zu verspüren. Übungsschießen der Artillerie fand ständig statt. Für die Flakbatterien zog ein Junkers-Flugzeug, die „W 34“, eine rot-weiße Schleppscheibe am Himmel. Bei einem Übungsflug kamen zwei Wasserflugzeuge aneinander und stürzten ab. Die Besatzungen fanden den Tod. Ein Mann einer Besatzung befand sich nicht an Bord der Maschinen, da er gerade eine Strafe absitzen musste.

Schießübungen der Küstenbatterien auf Borkum wurden in der Borkumer Zeitung bekannt gemacht. Während dieser Zeiten war der Strand, der Luftraum und Teile des Seegebietes gesperrt. Die Absperrung erfolgte an Land durch Posten, in See durch Fahrzeuge der Kriegsmarine. Während des Schießens wurde auf dem Leuchtturm die Internationale Flagge „B“ gesetzt.

Draußen vor dem Riff lag eine Flotte umgebauter Hochseekutter als Vorposten.

Während das gesamten Krieges war im oberen Teil des Alten Leuchtturmes die Stabsbatterie Marineflakabteilung 216 (Flakgruppenkommando – FlaGrKdo) untergebracht.

Neben dem Kleinen Kaap befand sich ein Bunker, der vermutlich mit einem Flak-Übersichtsgerät „Kopernikus" bestückt war

In 14 Zellen, die in zwei übereinander liegenden Reihen angeordnet waren, war je ein Befehlsübermittler (BÜ) untergebracht. Im inneren Teil des Raumes (Auswerteraum) wirkten an einem großen Tisch der Wachoffizier, ein Wachfeldwebel und ein Unteroffizier mit mehreren Läufern zusammen, um die Luftlage zu klären.

Dazu bestanden Dauerverbindungen zu vielen Stellungen, die Flugmeldungen und Ortungen geben konnten und Befehlsverbindungen zu allen Waffen. Die Warnung vor Flugzeugen im Umkreis von ca. 100 km erfolgte durch E-Meß-III-Geräte, die später zur 5. Batterie zusammengefasst wurden.

Neben der Feindtätigkeit kam noch die Flugtätigkeit der eigenen Luftwaffe hinzu, die manchmal sehr rege und auch sehr unübersichtlich war, da diese nur selten ihre Start- und Flugbewegungen ankündigten.

Mit Hilfe der E-Meß-III-Geräte wurden die Jäger auf den Feind zugeleitet. Ab Oktober 1943 wurden die Soldaten in den Zellen durch Marinehelfer, bestehend aus 16-jährigen Schülern, ersetzt. Später kamen auch Marinehelferinnen zum Einsatz.

Die gesamte Hotelfront am Nordstrand war einschließlich der Fensterscheiben mit einem grünen Tarnanstrich versehen. Auf den Dächern der Hotels waren Flugabwehrgeschütze und Scheinwerfer aufgestellt. Die Besatzungen wohnten auch dort. Im Laufe des Krieges stellte man verschiedene Ortungsgeräte für die

Luftraumüberwachung auf. So stand vor dem Kleinen Kaap und bei der Batterie Lüderitz ein Würzburg-Gerät[26]. Auf dem Großen Leuchtturm hatte man eine Freya-Radaranlage installiert, die sich in einem mächtigen Holzgestell befand, das auf die Spitze des Leuchtturmes gebaut war. Auf der Signalstation konnten gegen Ende des Krieges mit modernster Technik Bomberverbände durch die Wärme ihrer Motoren schon in großer Entfernung geortet werden. In den Woldedünen stand ab Sommer 1944 im Flakleitstand ein weiteres modernes Gerät, das mit Radar und Optik Bomberverbände sehr zielgenau erfassen konnte.

Am 04. September 1939 heulten zum ersten Male die Sirenen. Ein englischer Aufklärer passierte in großem Abstand die Insel.

Neuer Leuchtturm mit Radargerät

Wasserflugzeug Heinkel HE59 am Kran auf dem Seefliegerhorst Borkum

4. Der Zweite Weltkrieg (1939-1945)

Flugplatz Borkum

Als 1934 an einen weiteren Ausbau der Seefestung Borkum gedacht wurde, verbot man den Holländern eine Zwischenlandung auf der Insel im Liniendienst von Amsterdam nach Stockholm. Dagegen waren immer häufiger Militärflugzeuge hier vertreten. Der 1925 errichtete Flugplatz wurde für Jagdflugzeuge und Bomber vergrößert. Oft lag eine Staffel Me 109 des Jagdgeschwaders Schumacher aus Jever hier.

Während des Krieges diente der Platz als Feldflughafen. Jagdflugzeuge vom Typ Messerschmitt Me 109 waren hier stationiert. Als Borkum mit einer möglichen Invasion rechnen musste, wurden, um Luftlandungen zu verhindern, quer zu den Landebahnen vier Meter breite Gräben ausgehoben und entsprechende Wälle aufgeworfen. Zudem wurden sechs Meter hohe Pfähle auf dem übrigen Gelände aufgestellt (so genannter Rommelspargel). Ein Panzergraben mit einem 2,50 m hohem Wall nebst Betonhöcker schirmten den Platz im Südwesten ab. An der Ost- und Nordseite waren Minenfelder gelegt.

Flugmeldeabteilung

Während des Krieges gab es auf Borkum eine Flugmeldeabteilung, die zumeist aus Borkumer Männern bestand und in zwei Stellungen stationiert war. In Ortsnähe war der „Kinderheimstand" (Nähe Kinderheim St. Maria) hinter dem Rettungsschuppen (heute Kaapdelle 24), richtige Bezeichnung Emden II. Die zweite Stellung lag einen Kilometer östlich des Ostlandes, Stellung „Linde-Suden" – offiziell Emden III.

Am 21.09.1939 war die Küstenmehrzweckstaffel (K.Mz.St) 3/106 einsatzbereit. Sie bestand aus neun HE 59, Doppeldecker, die Minen verlegten, 200 Soldaten und Zivilisten.

Am 26.09.1939 erfolgte der erste Angriff der Staffel mit Bomben auf vier feindliche Großkampfschiffe, einen Flugzeugträger und zahlreiche leichte Seestreitkräfte. Ein Schlachtschiff und ein Flugzeugträger erhielten Treffer.

X-Sendestationen

Im Watt, südlich der Kleinbahnlinie, befand sich ein kleines Betriebsgebäude. Davon ca. 100 m entfernt, steht ein kleines, einzelnes Betonfundament, das eine Antenne einer X-Bake für einen Frequenzbereich um 70 MHz getragen haben soll. Das Gebäude soll u. a. einen Generator beherbergt haben. Möglicherweise handelte es sich um eine Wotan 1 - Anlage, die 1938/39 nach Borkum verlegt wurde. Diese Anlage verwendete auch eine X-Uhr. Hierbei flogen Bombenflugzeuge auf einem Leitstrahl Richtung Ziel. Der Bombenabwurfzeitpunktes wurde mit Hilfe einer besonderen Stoppuhr, „X-Uhr" genannt, ermittelt.

Am 16. Oktober 1939 wurde die Küstenmehrzweckstaffel in Küstenfliegerstaffel umbenannt.

Nach dem Start zur ersten Minenaufgabe am 22.11.39 mit acht Flugzeugen der 3./106 und neun Maschinen der 3./906 aus Norderney, hatte eine neue Aufgabe begonnen, die in der Folgezeit mehr und mehr zu einer Hauptaufgabe für die westlichen Küstenfliegergruppen wurde. Es galt, Sperrlücken zu verseuchen und festgestellte Ansteuerungspunkte und Zwangskurse im feindlichen Küstenvorfeld unpassierbar zu machen und so den Küstengeleitverkehr des Gegners lahm zu legen.

Am 28.11.1939 vermerkte das Kriegstagebuch:

16.30 Uhr Angriff von acht Bristol Blenheim auf Fliegerhorst mit MG. Anflug im Tiefflug im Verband über Westerems von NW nach SO. Unmittelbar vor dem Horst Hochziehen der Maschinen auf 30-50 m und Beschuss der Hallen und davor stehenden Flugzeugen mit MG. Zwei Flugzeuge, Büroräume und Baracken erhalten etwa 100 Treffer. Zwei Arbeiter werden verletzt. Gegenwehr durch zwei eigene 3,7 cm und MG 15. Beim Abflug über die Westerems beschossen die Flugzeuge die auf der Ems vor Anker liegenden Dampfer RHEINLAND und ROLSHOVEN.

Am 6./7.12.39 warfen Seeflugzeuge der 3./K.Fl.Gr 106 in der Humber- und Themsemündung sowie in den Downs 27 Minen. Zwei Maschinen kehrten vom Feindflug nicht zurück. Die „T" (Flugzeugkennung) war notgelandet und wurde durch das Flugsicherungsschiff ROLSHOVEN geborgen. Die „O" war im Muschelfeld am Nordstrand von Borkum zertrümmert gefunden worden. Von der Besatzung fehlte jede Spur.

Abschuss einer Wickers Wellington Nähe Sommerdeich

Am 12.12.1939 Fliegerangriff. Bombenabwurf 100 m westlich der Betonstraße in Reihe von NW nach SO in das Watt und den Neuen Hafen.

Am 14.12.1939 Angriff einer Bristol Blenheim auf den Kran. Abgeschlagen durch zehn MG C 30 und drei 3,7 cm Kanonen des Horstes.

Da die Vereisung seit dem 17.12.39 beängstigend zunahm, konnte keine einzige Maschine im Bereich des FdL (Führer der Luftflotte) West starten. Dieser Zustand hielt bis zum 06.03.1940 an.

Am 18. Dezember 1939 flogen drei Bomberstaffeln mit 24 Vickers Wellington einen Angriff auf Wilhelmshaven. Die Bomber wurden von den Marine-Funkmessgeräten vom Typ „Freya" auf Helgoland und Wangerooge geortet. Auf ihrem Rückflug entwickelte sich eine Luftschlacht über der Deutschen Bucht. Leutnant Helmut Lent vom I.ZG (Zerstörergeschwader) 76 aus Jever konnte mit seiner Me 110 eine Wellington abschießen. Der englische Pilot drückte nach unten – und setzte auf Borkum zur Landung an. Sekunden später stand die englische Maschine in hellen Flammen. Als einziger Überlebender kann sich Leutnant P.A. Wimberley retten.[28]

28-cm Marineartillerie der Batterie Coronel

Zu diesem Abschuss schreibt die „Chronik der Seeflieger“ – erstellt von einem Soldaten der im Militärmuseum Freiburg Nachforschungen anstellte – Folgendes:

„18.12.1939, 15.15 Uhr Flugzeug auf Borkum brennend abgestürzt. Zwei Gefangene an Bord Vorpostenboot, ein Gefangener auf Hafenschutzboot und zwei Tote.“

Im Januar 1940 wurde die ostfriesische Inselkette zum militärischen Sicherheitsbereich erklärt. Die Kommandanten der einzelnen Abschnitte gaben entsprechende Verordnungen in den Tageszeitungen bekannt. Darin wurde Inländern der Aufenthalt an Bord von Fahrzeugen, die Reeden oder Häfen der Inseln anlaufen, sowie das Betreten der Eilande ohne Ausweis, verboten. Gleichzeitig wurde ein Fotografier- und Malverbot ausgesprochen.[29]

Abschuss einer He 111

Am 23. Februar 1940 flog Feldwebel Kurt Späte von der 1. Staffel KG. 26 seine über See kommende He 111 die Insel Borkum an. Sie wendete und strich suchend in 200 bis 300 m Höhe über die Insel. Zu erkennen gab sie sich nicht. Für die Marineflak war sie ein Tommy, der mit seinen Bomben direkt den Hafen und den Seefliegerhorst ansteuerte. Um 00.29 Uhr eröffnete die Zweizentimeter-Flak der Batterie von Holtzendorff das Feuer. Andere Batterien fielen ein. Minuten-

Beisetzung auf dem Friedhof.
Aufschrift auf den Schleifen:
„Dem tapferen Gegner,
Seefliegerhorst Borkum“

Der Transportwagen für Wasserleichen

lang tobte ein Flakorkan über Borkum. Um 00.33 stürzte die Heinkel brennend ab. Die Besatzung fand den Tod.[30]

Am 06.03.1940 traf das erste Schulflugzeug, eine Heinkel He 115 in Borkum ein. Die Fliegergruppe sollte auf diese Maschinen umgerüstet werden.

Am 31. Mai 1940 fielen die ersten Bomben auf die Ortschaft, und zwar eine in der Süderreihe neben dem Wohnhaus W. Byl und eine in der Deichstraße gegenüber der Berufsschule. Es gab nur einen Verletzten und geringfügigen Sachschaden. 1941 gingen zwei Bombenreihen von je 6 Stück beim Gaswerk an der Deichstraße nieder, die aber wirkungslos in die Wiesen fielen. Später fielen noch einige Bomben in den örtlichen Bereich, wobei zwei alte Häuser beim Alten Leuchtturm total zerstört wurden und etwas Sachschaden auf dem Bahnhof und auf dem Hof Upholm entstand.

Insbesondere nach der Flucht des britischen Expeditionskorps an der Kanalküste bei Dünkirchen im Juni 1940 wurden immer wieder Wasserleichen an den Strand gespült. [31]

Am 09.09.40 machte der Landrat in der Borkumer Zeitung bekannt, dass mit Rücksicht auf die kriegswirtschaftlichen Verhältnisse, die üblichen Martini-Umzüge der Kinder für den diesjährigen Martinitag untersagt werden.

Rettungsboot Hindenburg verunglückt

Am 28. November 1940 kam das 1937 von Adolf Hitler gespendete Borkumer Motorrettungsboot HINDENBURG II, eines der modernsten ausgerüsteten Rettungsboote, von einer Einsatzfahrt, die sich bereits auf dem Hinweg erledigt hatte, nicht zurück. Die Unglücksursache konnte nie geklärt werden. Die Vermutung liegt nahe, dass die Hindenburg auf eine Unterwasserbuhne aufgelaufen ist und sofort gesunken ist. Das Unglück muss auch nahe der Insel passiert sein, da bereits am nächsten Morgen eine Wasserleiche an den Nordstrand gespült wurde. Eine zweite Leiche wurde wenig später gefunden. Da keine Explosion vernommen wurde, die auch sehr viele Wrackteile verursacht hätte, ist eine Minenexplosion unwahrscheinlich.

Am 03. März 1941 mussten bei Sturm und Regen zwei englische Flugzeuge bei Borkum im Watt notwassern. Fünf Seenotfahrzeuge und zwei Seenotflugzeuge wurden zur Rettung eingesetzt. Ein Seenotflugzeug konnte drei britische Piloten retten, ging dann aber selber zu Bruch. Die Besatzung und zwei Engländer wurden dann aber in letzter Sekunde gerettet.[32] Am 1. Mai 1941 befanden sich nur noch zwei He 115 im Horst. Zum Verband ge-

Seefliegerkommandantur

Organisation und Unterstellung bei der Marine und Luftwaffe für den Befehlsbereich Borkum [33]

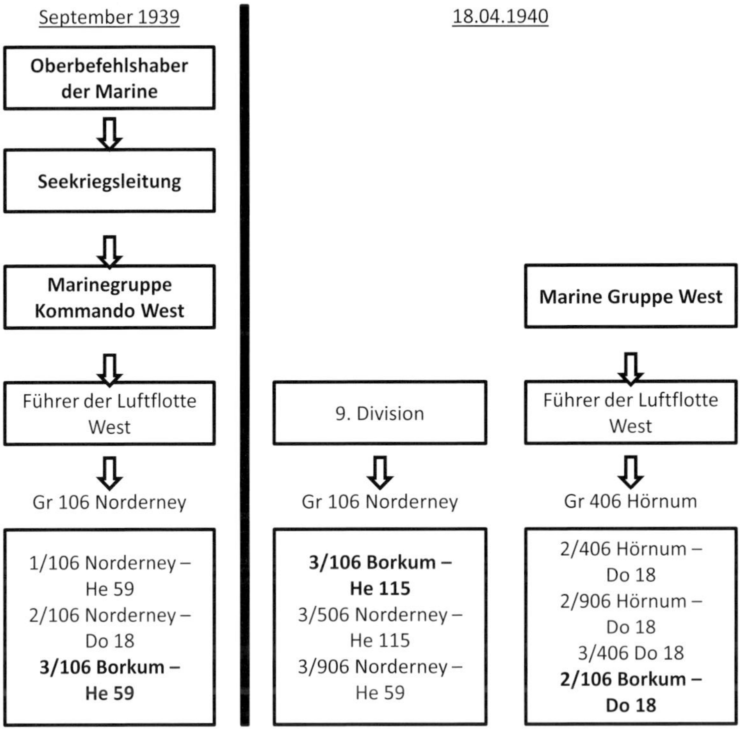

hörten drei Offiziere und 182 Mann, zwei PKW, vier LKW und ein Krad. Ab 10. Mai 1941 war keine Maschine mehr fest auf dem Seefliegerhorst. Durch die Einnahme Frankreichs wurden die Flugzeuge Richtung Westen verlegt. Durch Veränderung der Horst-Flak änderte sich die Personalstärke bis zum 13.12.1941 auf drei Offiziere und 314 Mann, zwei PKW, sieben LKW, drei Krad und einen Omnibus. Es befanden sich ca. 5.000 Soldaten auf Borkum. Auch befand sich eine große Zahl von Fremdarbeitern und Kriegsgefangenen auf der Insel. Italiener, Niederländer, Franzosen, Jugoslawen und Russen wurden zum Festungsbau oder als Kanoniere herangezogen. Als Unterkunft mussten viele Häuser herhalten. Zur Versorgung dieser großen Personenzahl liefen die beiden verbleibenden Dampfer, mit Bordflak bestückt, sooft sie konnten, zwischen Borkum und Emden hin und her. Vom Bahnhof aus fuhren alle zwei Stunden zwei Züge, einer Richtung Ostland, und einer Richtung Reede, um die Stellungen zu versorgen.

Das Militär-Urlauberheim Generalkommando II. A.K. (Armeekorps)

Auf Borkum gab es auch ein großes Marine-Lazarett. Es waren das katholische Kinderheim und die benachbarte Kuranstalt in der Hindenburgstraße. Hier wurden viele Besatzungsmitglieder der Vorpostenboote operiert und versorgt. Auch viele Borkumer Verwundete von den Fronten wurden zur Genesung hierher verlegt.

Kinderlandverschickung

Wegen der nahen Feindlage fuhren die Borkumer Schulkinder am 21.05.1941 in die Kinderlandverschickung ins Salzburger Land. Alle Klassen der Mittelschule waren mit ihren Lehrern in Gasthöfen in dem kleinem Ort Abtenau untergebracht. Von der Volksschule waren es die fünf oberen Klassen (10-14 Jahre) mit den Lehrern. Untergebracht waren sie in Obertauern auf dem 1700 m hohen Tauernpass. Die Unterbringung erfolgte in Hotels, Gasthöfen und Skibuden.

Vorbereitungen zur Abwehr einer Invasion

Eine Beobachtungsstelle der Marine für den ausländischen Funkverkehr (B-Dienst) ergänzte während des Krieges ab 1941 den militärischen Funkempfangsdienst auf Borkum. Sie stand im Weideland am neuen Seedeich (heute Obdachlosenasyl), diente dem Kurzwellenempfang und war mit sogenannten Adcock-Peilern ausgerüstet. Der Oberfunkmeister Sterenberg der Marine-Nachrichtenstelle Borkum verkaufte Nachrichten an England, wurde jedoch enttarnt und nach einer spektakulären Verfolgung auf Borkum festgenommen. Der Borkumer Upke Müller sen. war mit seiner Funktätigkeit für die Organisation „Canaris" (Deutscher Admiral, Chef des Amtes Ausland/Abwehr im Oberkommando der Wehrmacht) tätig.[34]

Am 01.07.1941 um 14 Uhr flog eine „Short Stirling" unter Ausnutzung der niedrig hängenden, teilweise aufgerissenen Wolken aus Osten den Horst an und warf etwa zehn Bomben, die im Marinegelände, ohne Schaden anzurichten, detonierten. Eine zweite Maschine flog den Horst von Westen an und warf acht Bomben, die Wasserleitungen an drei Stellen zerstörten.

Am 25.07.41 gegen 4 Uhr wurde durch Hafenschutzboot 618 eine englische „Vickers Wellington" abgeschossen. Die Maschine wurde durch Hafenschutzboot 617 eine Seemeile östlich Ansteuerungstonne Westerems geborgen und zum Seefliegerhorst eingeschleppt. Zwei Mann Besatzung, die sich auf die Maschine gerettet hatten, wurden geborgen. Vier Mann der Besatzung hatten ein beschädigtes Schlauchboot bestiegen und versanken damit.

Am 30.10.1941 wurde der Fliegerhorst erneut angegriffen. Die Bomben fielen zwischen Reede und Ostland ins Watt. Zwischen dem 15.11. und 05.12.1941 wurde der Fliegerhorst immer wieder mit Bomben angegriffen. Sie verfehlten aber immer ihr Ziel. Am 26.07.1942 wurden von feindlichen Flugzeugen 42 Brandbomben auf den Landflugplatz abgeworfen, die jedoch ohne Wirkung blieben.

1942 begannen die ersten Vorbereitungen zur Abwehr einer Invasion aus der Luft oder von See her. 60 Minenfelder à 100 m Länge und ein Panzergraben von 2.710 m Länge von den Norddünen bis zur Greunen Stee wurden angelegt. Ca. 140.000 Kubikmeter Beton wurden verarbeitet. Panzerhöcker und Straßensperren schlossen die noch vorhandenen Lücken dieses Schutzwalles. Auf dem Tüskendör-Gelände wurden eiserne Dreihöcker von 1,50 m Höhe verteilt. Im Sommer 1942 fuhren Schlepper mit riesigen Pontons vor dem Weststrand durchs Riffgatt Richtung Nordstrand. An Bord waren Betonminen, mit Sprengstoff gefüllte Betonkästen, 1x1 m, Höhe ca. 50-60 cm mit einem ca. 1,60 m Gestänge mit Säurezünder. Diese

Vorstrandhindernisse in der Nähe der Ronden Plate

7 km lange Küstenminensperre wurde unter Wasser als Hindernisse gegen Landungsboote verlegt; dahinter wurden auf 2,2 km Länge Vorstrandhindernisse angebracht, die als Auflauframmen für Landungsboote dienen sollten. Der darauf folgende Winter brachte viele Eisschollen, wodurch viele Minen gezündet wurden. In den Dünen befand sich eine Minenkette aus Betonkästen mit je 225 kg Sprengstoff und elektrischer Zündung. Am Südstrand waren auf vier Kilometer Länge Vorstrandhindernisse sowie Minensperren angelegt. Auf dem Heller vor dem Seedeich war ein gleiches Sperrsystem. Auf der Strandmauer lagen zusätzliche MG-Stellungen. Ab 17.10.1942 wurden auf allen Inseln Einwohnerwehren gebildet.

Kriegsgefangenlager

Auf der Insel waren für den Bau der Befestigungsanlagen sowie für den Küstenschutz Kriegsgefangene und politische Gefangene verschiedener Nationalitäten eingesetzt. Im Lager „Bauhof", der Betriebshof des Wasser- und Schifffahrtsamtes am Oppermanns Pad, befand sich das von den Borkumern „Russenlager" genannte Kriegsgefangenenlager, wo in drei Holzbaracken ca. 40 Russen und 40 Franzosen untergebracht waren. Dieses Lager war mit Stacheldraht umgeben; hatte jedoch keine Wachtürme oder Beobachtungsposten. Im Lager befanden sich nur ein bis zwei Wachtposten des Landesschützenbataillons Ihrhove. Außer während der täglichen Arbeitszeit durften die Gefangenen das Lager nicht verlassen. Sonntags war frei, einen Appell gab es nicht.

Die Organisation Todt (OT) führte ein Lager auf der Reede mit ca. 150 Arbeitern, die aus Niederländern und Italienern bestand. Ein Drittel bestand aus Zwangsarbeitern und zwei Drittel aus freiwilligen Arbeitern. Diese Arbeiter wurden nach Tarif bezahlt, und waren nicht bewacht. Sie konnten sich außerhalb des Lagers bewegen und erhielten auch Heimaturlaub.

Auf der Reede befand sich auch ein Kriegsgefangenenlager mit ca. 80 Insassen. Davon waren ca. 60 Franzosen, 15 Serben und 5-7 Belgier.[35]

Im Lager Falkland (nördlich des Barbaraweges) waren politische Gefangene, u. a. Niederländer, die für Küstenschutzarbeiten eingesetzt waren, untergebracht. Sie konnten sich auch im Ort frei bewegen, denn sie konnten ja nicht entkommen. Auch ein Besuch der Kirche war ihnen gestattet. [36]

Während des Krieges haben viele alliierte Flieger ihre Bombenlast auch über der Nordsee abgeworfen. Die englischen Stabbrandbomben waren so konstruiert, dass sie sich auch beim Aufschlag auf das Wasser entzündeten. So kam es, dass tausende ausgebrannter Stabbrandbomben am Strand antrieben. Viele dieser Bomben hatten einen Messingzünder, der damals sehr begehrt war und von den Borkumern gesammelt wurde.[37]

Vor dem Hintergrund der zunehmenden Bombenangriffe verbreitet der Deutsche Rundfunk ab Mitte März über die Reichssender und den Deutschlandsender zu jeder vollen Stunde so genannte Luftlagemeldungen. Im Zusammenhang der „Luftgefahr“ und der seit Kriegsbeginn zwingend vorgeschriebenen Verdunkelung wurde besonders in Ostfriesland darauf hingewiesen, dass die traditionellen Osterfeuer „ab sofort unerwünscht sind.“[38]

Bei Fliegeralarm war von den schweren Batterien immer ein Waffenleiter im Alten Leuchtturm dem Flak-Kommandeur beigestellt, der dann von hier aus telefonisch Richtung, Entfernung und Höhe der Bomberverbände zu den schweren Batterien durchgab. Die Meldungen für den beleuchteten Kartentisch kamen von dem FREYA-Ortungsgerät auf „Köhlers Hotel“ sowie von allen Holländischen und Ostfriesischen Inseln telefonisch zu den acht bis zwölf Marinehelferinnen. Nur auf höchsten Befehl durfte die Batterie Coronel zur Flugabwehr eingesetzt werden, vermutlich um Munition für andere Einsätze zu sparen. Wurde hier dann doch kein Schuss abgegeben, dauerte die Entladung nicht nur 1,5 Stunden, sie war auch nicht ungefährlich.

Alarm Küste: Schweres Unglück im Juni 1944

Nach der Landung der Alliierten in der Normandie am 6.6.1944 herrschte der Befehlsstand „Alarm Küste", d.h. erhöhte Alarmbereitschaft. Man vermutete, dass die Landung in der Normandie nur ein Scheinangriff sein könnte. Nach einigen Tagen wurde die Lage klar, der Alarm wurde aufgehoben. In der Batterie Flughafen, auch „Borkum 2" genannt, wurde Munition und Minen eingelagert. Dabei kam es in einem Munitionsbunker zu einer Explosion. Im Bunker kamen 5 oder 6 Soldaten um. Vor dem Bunker zwei Köche, die in der Kombüse neben dem Bunker arbeiteten.

Ermordung von amerikanischen Fliegern

Nach der Notlandung einer amerikanischen B 17 G („Flying Fortress") der 486th Bombardment Group am 04.08.1944 am Nordstrand wurden sieben amerikanische Besatzungsmitglieder gefangen genommen. Sie gehörten zu insgesamt 181 B-17 Bombern, die Ölraffinerien in Hamburg angegriffen hatten. Die viermotorige Maschine flog mittags niedrig über den Ostteil der Insel. Heftiges Flakfeuer brachte die schon beschädigte Maschine zur Notlandung auf dem Muschelfeld. Die Besatzungsmitglieder, einer davon mit einer Kopfverletzung der auf einer Trage von seinen Kameraden getragen wurde, wurden zur Batterie Ostland gebracht. Jetzt erschien der Inselkommandant, Fregattenkapitän Dr. Goebell, und erteilte den Befehl, die Gefangenen – im NS-Sprachgebrauch „angloamerikanische Terrorflieger" – nicht, wie vorgeschrieben, der Luftwaffe gleich zu überlassen, sondern zu Fuß durch den Ort bis zum Seefliegerhorst Reede zu schicken, um sie der Bevölkerung vorzuführen. Mit diesem Befehl, der wahrscheinlich auf Druck der Parteileitung erfolgte, begann die Tragödie. Die Gefangenen wurden im Gänsemarsch, Hände über dem Kopf – eine weitere Schikane – durch die Dünen zur Strandmauer geführt. Der Wachmannschaft wurde mitgegeben, entsprechend einem Erlass Goebbels nicht einzugreifen, wenn die Zivilbevölkerung gegenüber den Gefangenen tätlich werden sollte. Dazu muss man wissen, dass die Parteipropaganda die Bomberbesatzungen der Alliierten als Mörder der Zivilbevölkerung bezeichnete. Am Nordstrand stand der RAD (Reichsarbeitsdienst) Spalier. Die Flugzeugbesatzung wurde wie beim Spießrutenlauf durch die RAD-Reihen getrieben und mit Fäusten und Schaufeln geschlagen. Dann wurden sie durch die Bismarckstraße getrieben. Am Bahnhof stand der Ortsgruppenführer und hetzte gewaltig – es kam zu Handgreiflichkeiten gegenüber den Gefangenen. Dann ging es durch die Franz-Habich-Straße und Neue Straße. Vor dem Rathaus brach ein

Amerikaner zusammen. Er wurde von Mitgliedern des dort im Central-Hotel stationierten SHD (Sicherheits- und Hilfsdienst) versorgt. Ein auf Borkum stationierter Hamburger Obergefreiter des Heeres namens Langer, der zur Bewachung russischer Kriegsgefangener eingesetzt war und kurz vorher seine Familie in Hamburg bei einem Bombenangriff verloren hatte, erschoss den am Boden liegenden Amerikaner. Nach der Tat am Rathaus folgte Langer dem Zug der Gefangenen und erreichte sie in der Reedestraße kurz hinter der Süderreihe an der jetzigen Grünanlage. Dort war eine Rast eingelegt worden. Gefangene und Bewachung standen getrennt in Gruppen. Langer ging auf die Gefangenen los und erschoss einen nach dem anderen durch Kopfschuss. Ein Amerikaner konnte noch fliehen; wurde jedoch im Flur des Hauses der Familie Gropengießer erschossen. Langer verschwand unbehelligt und erstattete sofort seinem Vorgesetzten Mitteilung über die Tat, die er als Rache für das seiner Familie angetane Leid bezeichnete.

Die Begleitmannschaft hatte – wie erstarrt – nicht eingegriffen. Der Transportführer erstattete ebenfalls sofort Bericht, war aber so verwirrt, dass er erklärte, die Gefangenen seien alle von der Zivilbevölkerung erschlagen worden. Dies wurde auch so protokolliert.

Am nächsten Tag wurde über den gesamten Vorgang eine Nachrichtensperre verhängt. Zuwiderhandlungen wurden unter Strafe gestellt. Damit war eine eindeutige Klärung des Falles offiziell unterbunden. Aus der Sicht des Militärs war die

Vor dem Gedenkstein stellten sich zwei überlebende Piloten, Angehörige, die eigens aus Amerika angereist waren, mit den offiziellen Vertretern zum Gruppenbild auf. Foto: Schiffner

Lesart „erschlagen durch die Zivilbevölkerung“ die bessere, denn Kriegsgefangene genossen aufgrund internationaler Konvention Schutz. Die Ermordung durch einen Soldaten war von daher äußerst ehrenrührig.

Übung des „SHD“ (Sicherheits- und Hilfsdienst)

Nach der Kapitulation wurden viele beteiligte Soldaten und Borkumer inhaftiert. Es wurde 15 Personen der Prozess gemacht, mit folgenden Urteilen: fünf mal Tod durch den Strang, ein mal lebenslänglich, acht mal Gefängnisstrafen (2-25 Jahre), einmal Freispruch. Langer soll kurz vor Kriegsende in einer Bewährungskompanie an der Ostfront gefallen sein. Sein Zeugnis hätte eventuell eine andere Verurteilung bewirkt. Die sieben Amerikaner wurden auf dem Luth. Friedhof bestattet und nach Kriegsende zum Festland überführt.[39]

Der Entgiftungstrupp bei einer Übung

Am 4. August 2003 erinnerten die Borkumer durch die Enthüllung eines Gedenksteins unter großer Anteilnahme von Angehörigen, Einwohnern, Urlaubern, hoher politischer Präsenz und Militärs der US-Air-Force an die damaligen Ereignisse. Der Rotary Club Borkum hatte diesen 59. Jahrestag zum Anlass genommen, diesen dunklen Tag in der Geschichte Borkums aufzuarbeiten. Mit dem Gedenkstein setzten die Insulaner ein Zeichen der Verbundenheit und Versöhnung mit den zwei Überlebenden und den Angehörigen.

Bombenangriff auf den Bahnhof

Am 5. August 1944 mittags – einen Tag nach der Ermordung der Amerikaner –, hörte man Motorengeräusche und es fielen Bomben. Mehrere Bomben fielen auf das Gelände der Borkumer Kleinbahn, trafen den Gleiskörper vor den Häusern Kapitän Schmuck und Haus Varus. Ein Gleis wurde hochgerissen und stand wie eine Leiter an der Veranda von Haus Varus. Ein Blindgänger traf die Lok des ausfahrenden Zuges in unmittelbarer Nähe des jetzigen Bahn-überganges Westerstraße, riss den Kessel auf, und tötete die Besatzung – den Lokomotivführer Johann Brinkmann (32) und den Heizer Renke Steemann (62) durch Verbrühung.[40]

Bei einem anderen Bombenangriff auf den Borkumer Bahnhof fielen am späten Abend mehrere Bomben. Dabei durchschlug eine Bombe als Blindgänger die obere Gaube der „Villa Ems", schlug auf dem Perron des Bahnhofs auf, hob wieder ab und durchschlug in etwa 1,20 m Höhe beide Türen der rechten Gepäckabfertigung und blieb im Garten hinter dem Bahnhof liegen. Nach einigen Tagen wurde die Bombe mit Strohballen ummantelt und gesprengt.[41] 1944 wurde ein Gasbekämpfungstrupp aufgestellt. Der Trupp bestand nur aus älteren Borkumern, die von Kopf bis Fuß einen Gummischutzanzug trugen. Der Gasübungsraum war im Adolfinenheim. Im gleichen Jahr wurden einige 13-jährige Schüler als Gasmelder verpflichtet. In der Kleiderkammer der Kaserne Mitte erhielten sie u. a. auch einen Stahlhelm. Mit den verschiedenen Giftgasen wurden sie vertraut gemacht. Die 14-15-jährigen wurden in den verschiedenen Batterien als Melder verpflichtet.[42]

Jeden Herbst mussten die älteren Schüler der Volksschule und alle Klassen der Mittelschule zur Sanddornbeerenernte. Morgens um 7 Uhr brachte der Zug die Kinder mit den Lehrern ins Ostland. Zum Sammeln wurden kleine Spankörbe ausgegeben und nach getaner Arbeit gewogen. Nach der Sammlung bekam man etwas Geld und was wichtiger war, einige Lebensmittelmarken. Einmal beteiligte sich auch eine Genesungskompanie unter Leitung eines Zahlmeisters bei einer Sammelaktion. Die Beeren wurden aufgrund ihres hohen Vitamin C-Gehaltes zu Cebion-Tabletten für U-Boot-Fahrer und Afrikakämpfer verarbeitet.[43]

Erneut in die Gefahrenzone einbezogen wurde die Insel erst wieder, als an allen Fronten der große Rückzug einsetzte. Aus Furcht vor einer Invasion wurden auf Borkum an die 60 Minenfelder, deren Länge z. T. 100 m betrug, im offenen Gelände verlegt. Rommelspargel standen auch am Südstrand.

Eine große Seemine mit Bleihörnern trieb am Strand ungefähr in Höhe des Klei-

Gebäudeschäden nach Sprengung eines Blindgängers hinter dem Bahnhof

nen Kaaps an. Bei der erfolgten Sprengung brachte die gewaltige Detonation eine Unmenge von Fensterscheiben zu Bruch. Die zerbrochenen Scheiben wurden aus Glasmangel mit Brettern vernagelt und mit einem Guckloch versehen.[44]

Unterwasser-Horchstation bei der Heimlichen Liebe

In einem Bunker vor der Marinesignalstation am Südstrand betrieb die Wehrmacht eine Unterwasserhorchanlage. Kabel waren von hier bis in den Bereich der Riffe gelegt und dort an Mikrofone angeschlossen. Die Bunkerbesatzung hörte hier die Schraubengeräusche vorbeifahrender Schiffe ab und verglich sie mit Schallplattenaufzeichnungen.[45]

Ab Herbst 1944 wurde Borkum immer stärker von Seestreitkräften angelaufen. Es entstand ein reger Schiffsverkehr zwischen Den Helder und Wilhelmshaven mit Zwischenstation Borkum. Der Seefliegerhorst wurde nicht mehr angeflogen. Der Luftverkehr ging ausschließlich über den Landflugplatz.

Angeschwemmte Seemine am Strand

Die Molch-Kleinkampf-Flottille 2/412 auf Borkum

Ein Waffensystem, mit dem ankernde Kriegsschiffe versenkt oder beschädigt werden konnten, waren die Ein-Mann-Torpedos oder auch Klein-U-Boote. Die bekanntesten trugen Namen wie Hecht, Seehund, Biber, Marder, Neger und Molch.

Um eine Verdichtung der beweglichen Küstenverteidigung in Verbindung mit den ortsfesten Batterien zu erzielen, wurden die o. g. Kleinkampffahrzeuge entwickelt.

Die Molch-Flottille 412 war von den Molchen tatsächlich die einzige, die auf wirkliche Erfahrungen im Einsatz zurückgreifen konnte.[46]

Ende September 1944 wurde die Molch-Flottille 2/412 von ihrem Ausbildungsort Surendorf nach Borkum verlegt. Die Verlegung erfolgte per Schiene über Emden in den Bereitstellungsraum Borkum. Hier sollte die Flottille ganz auf sich gestellt sein und hatte Anweisung, Versuchs- und Probefahrten unter schon gefechtsähnlichen Umständen durchzuführen.

Personell bestand die Flottille aus acht Offizieren, 26 Unteroffizieren und 148 Mannschaften. Hiervon waren 30 Fahrer und fünf Reservefahrer, ca. je 35 Mann Maschinen- und Torpedopersonal, ca. 65 Mann Bodenstaffel, ca. fünf Kraftfahrer und ca. 15 Funktionäre. Flottillenchef war Kptlt. Martin. Quartier wurde im verlassenen Seefliegerhorst genommen.

Das Wetter hatte Anfang Oktober 1944 inzwischen einen herbstlichen Charakter angenommen. Für die Flottille gerade richtig, um entsprechende Erfahrungen sammeln zu können. Neben den Übungsfahrten wurde insbesondere die physische Belastung des einzelnen Fahrers erprobt. Zu diesem Zweck wurden drei Boote an Pollern vertäut und Sitzübungen von zwölf bis 18 Stunden bei laufender Maschine gemacht. Hierbei zeigte es sich, dass die Kälte zu groß war. Entsprechend neue Einsatzkleidung wurde angefordert.

Ein völlig nebensächlicher Umstand, der im Ernstfall aber von einschneidender Bedeutung werden konnte, wurde auf Borkum aufgedeckt. Während der Versuche am Poller schellte plötzlich in der Nacht das Telefon beim Flottillenchef. Der Posten, der die Boote beaufsichtigte, meldete, dass ein Boot brenne. Der Fahrer habe das Turmluk geöffnet und bemühe sich auszusteigen. Was war passiert? Der Fahrer hatte austreten müssen und sein Bächlein in die Bilge gemacht. Hierbei war der vor seinen Füßen liegende Fahrtstufenschalter nass geworden und es hatte einen Kurzschluss gegeben. Das Boot brannte nicht, doch war die

Fahrt zu Ende, weil durch den Wasserdampf keine Luft und keine Sicht mehr vorhanden waren. Der Fahrer kam hustend und tränenden Auges heraus und war erstaunt, dass er keinen Rüffel bekam. Vielmehr wurden die Boote sofort verändert und der Stufenschalter durch eine Trennwand abgeschirmt. In diesem Zusammenhang ergab sich noch eine weitere Panne. Im Boot befand sich eine Lenzpumpe, die das Bilgenwasser in Höhe des Turmes außenbords drücken sollte. Es zeigte sich, dass durch die Öffnung am Turm mehr Wasser in das Boot kam als heraus. Auch dieser Mangel wurde behoben; ebenso die Proviantlagerung für einen 24-Stunden-Einsatz.

Nachdem die Flottille im Dezember 1944 einsatzbereit gemeldet worden war und jeder das Gefühl hatte, dass alles getan sei, um das Leben des Fahrers und den Erfolg des Einsatzes einigermaßen garantieren zu können, kam am 18.12.1944 die Verlegung von Borkum nach Delfzijl und von dort nach Amersfort und dann weiter nach Schiedam bei Rotterdam.[47]

Bombenschäden Haus Neehuis und Kramer neben dem Marienhof

Der Zusammenbruch

Als die Alliierten in den letzten Kriegswochen im Raum Groningen vorrückten, feuerten die auf Borkum stationierten Geschütze der Batterie Coronel auf eine alliierte Panzeransammlung in diesem Gebiet.

In dem am 5. Mai veröffentlichten Wehrmachtsbericht heißt es: „Nach Vereinbarung mit dem Oberbefehlshaber der 21. britischen Heeresgruppe, Feldmarschall Montgomery, ist seit heute früh, 8 Uhr, in Holland, Nordwestdeutschland, von der Ems-Mündung bis zur Kieler Förde, sowie in Dänemark einschließlich der diesen Gebieten vorgelagerten Inseln, Waffenruhe."[48]

Am gleichen Tag wurde die Insel von Fregattenkapitän Dr. Goebell kampflos übergeben. Die Kasernenanlagen wurden durch englische und französische Soldaten belegt. Später besetzen Kanadier die Insel.

Borkum entging nur knapp einer schweren Bombardierung. Wenige Tage nach der Kapitulation hatten die Alliierten vorgesehen, die starken Befestigungen zu vernichten. Die Insel entging nur knapp einer Katastrophe.

Während des gesamten Krieges kamen vier Einwohner ums Leben. Zu den zwei Lokführern und einem Schiffer der MS Jantje, der von Geschossen eines Tieffliegers getroffen wurde, kam noch als Verunglückter Hausmeister Kleen, der einige Tage nach dem Kriege durch eine Tellermine ums Leben kam, als er beim Holzsuchen am Südstrand in ein Minenfeld geriet.

Die Borkumer Bevölkerung musste 322 Gefallene und Vermisste beklagen.[49]

Gesprengtes Geschütz 1945

5. Nach dem Zusammenbruch (1945-57)

Mit dem Ende des Zweiten Weltkrieges wurde der Schiffsverkehr zwischen der Insel und dem Festland total eingestellt. Am 16. Mai trafen kanadische Soldaten auf Borkum ein, um die Soldaten der Wehrmacht in Kriegsgefangenschaft zu nehmen und die Insel zum Sperrgebiet zu erklären. Die Kanadier bezogen als Quartier das Hotel Bodewes am Kriegerdenkmal (jetzt Villa Patricia). Als Hauptquartier unter dem Kommando von Captain Petry wurde das Haus Bismarckstraße 36 beschlagnahmt. Seit dieser Zeit wurde das Haus von den Borkumern „Canada-Haus" genannt. Die Schulen wurden geschlossen, alle Fernsprechverbindungen waren unterbrochen, und es wurde auch keine Post zwischen Borkum und Emden befördert.

Am 25. Mai 1945 fand im Bahnhofshotel eine Sitzung statt, in deren Verlauf Arthur Schmidt durch die Militärregierung als Bürgermeister eingesetzt wurde. Schmidt war bereits in den Kriegsjahren maßgeblicher Verwaltungsbeamter in der Gemeindeverwaltung.

Es bedurfte zäher Verhandlungen des Bürgermeisters mit der Militärregierung, um eine Zerstörung der in den Vorkriegsjahren vornehmlich zur Versorgung des Seefliegerhorstes zwischen dem Schlachthaus und der Reede betonierten Straße, des Marinehafens und der Anlagen des Flugplatzes zu verhindern.[50]

Gleich nach der Kapitulation mussten große Mengen der auf Borkum lagernden Munition auf Anordnung der Alliierten versenkt werden. Borkumer Schiffer fuhren die Munition in die Osterems, wo sie in der Nähe von „Lüttje Hörn" versenkt wurde. Vor der Versenkung der Kisten schnitten jedoch die Borkumer die Riemen, welche die Deckel zuhielten, durch. Die Folge war, dass die schwere Munition herausfiel, während die Kisten aufschwammen und mit dem Strom davon trieben. Dadurch wurde der Nordstrand mit Munitionskisten übersät, die von den Borkumern eingesammelt wurden. Hiervon durfte jedoch die kanadische Besatzung nichts wissen. Das Strandgut musste somit heimlich in der Nacht in den Ort geschafft werden.[51]

Zur „Sommersaison" 1946 gaben die Engländer die Ostfriesischen Inseln Norderney, Juist und Borkum wieder für den zivilen Badebetrieb frei. Vorbedingung für eine Badereise nach den Inseln blieb jedoch der Nachweis einer Unterkunft. Auch das Gesetz der Militärregierung über die Zugangsgenehmigung galt weiterhin.[52]

1946 bekräftigten die benachbarten Niederländer ihren Anspruch auf eine angemessene Form der Wiedergutmachung nach der nationalsozialistischen Machtherrschaft auf deutsche Gebiete, die den südwestlichen Teil Ostfrieslands, die Emsmündung, den Dollart und die Insel Borkum betrafen. Daraufhin demonstrierten hiergegen Anfang Dezember 1946 tausende Ostfriesen in Emden.[53]

Königin Wilhelmina der Niederlande wollte Borkum annektieren und niederländische Landesverräter, die mit den Nazis zusammengearbeitet hatten, nach Borkum deportieren. Die Königin, die keine Gnade für die Verräter hatte, wollte eine „Insel der Schande" einrichten. Der damalige Justizminister H.A.M.T. Kolfschoten hatte kurz nach der Befreiung eine abenteuerliche Inspektionsfahrt nach Borkum gemacht. Auf der Insel kam er aber zu dem Entschluss, dass der Plan nicht durchführbar sei.[54]

Im Dezember 1946 berichtete die Ostfriesische Zeitung, dass für die ostfriesischen Inseln Borkum, Juist und Norderney ab 1. Januar eine Speisung Konservenfleisch und Erbswurst aus einer amerikanischen Spende an fast 3.500 Kinder verteilt werden soll.[55]

1948/49 sollte die Bergung der 1946 versenkten Munition erfolgen. Viele Schiffe und eine Truppe von ca. 40 Tauchern sollte diese Aufgabe durchführen, die mit Ankern und Torpedonetzen erfolgte. Der Meeresboden wurde mit den Ankern durchpflügt, um so noch verbleibende Munition, u. a. auch Minen, zur Detonation zu bringen. Aber auch von Fischern wurde damals das „Munitionsfischen" betrieben. Die aus Chromnickelstahl gefertigten Hülsen, die teilweise an Bord entschärft wurden, brachten mehr Geld ein als der Fischfang.

Am Strand, auf den Ostlandwiesen und um den Flugplatz standen die Rommel-Spargel – 2 bis 3 m hohe Holzpfähle, die Luftlandungen verhindern sollten. Diese wurden in den Wintern gerne als Heizmaterial verwendet. Bei der Gemeinde wurden dazu Bezugsscheine ausgegeben.

Minenräumung auf See

Unter der Kontrolle der Royal Navy entstand der „Deutsche Minenräumdienst", dessen englische Bezeichnung „German Mine Sweeping Administration" unter der Abkürzung GM/SA bekannt geworden ist. Die 1., 16. und 17. R-Flottille der 5. Räumdivision war zum Freiräumen der noch lange für die Schifffahrt geltenden „Zwangswege" von Hoek van Holland aus im Einsatz. Bis zum Sommer 1947 war das Begleitschiff Tanger mit 36 Räumbooten auch sporadisch auf Borkum.

Räumboote im Schutzhafen

Ende 1947 wurde diese Einheit aufgelöst und ging als Arbeitseinheit unter der Bezeichnung Labor Service Unit „B“ (LSU „B“) in den von den Amerikanern gegründeten Minensuchverband über. Dieser unternahm noch lange Zeit Minenräumarbeiten von Borkum aus.

Noch viele Jahre nach Kriegsende wurde Munition an Borkums Stränden gefunden. Im Oktober 1956 wurde ein U-Boot-Torpedo mit einer 250 kg-Sprengstoffladung am Südstrand in Höhe der im Wasser stehenden Bunker angespült. Er wurde von einem Oldenburger Sprengkommando gesprengt.

Bunkerbeseitigung

1946/47 kamen englische Sprengkommandos, um die Festung Borkum zu schleifen. Alle Bunker und Geschützstände wurden gesprengt. Die wehrmachtseigenen Gleisanlagen mussten aufgenommen werden. Der zweite, eigentlich wehrmachtseigene Schienenstrang zur Reede, brauchte nicht demontiert zu werden und konnte von der Kleinbahn übernommen werden. Der große Wellblechhangar auf dem Flugplatz musste ebenso abgebaut werden und diente anschließend als Borkum-Garage der AG-Ems im Emder Außenhafen. Tonnenweise Metalle, Kabel, Kies und Steine wurden in den Nachkriegsjahren von den Borkumern aus den ehemaligen militärischen Anlagen befördert, verkauft oder für den Bau des eigenen Hauses verwendet. 1951 gab die Stadt Borkum bekannt, dass alle Berechtigungsscheine zum Kabelgraben aus ehemaligen Wehrmachtsanlagen ihre Gültigkeit verlieren. Wer beim „Hobby" der Nachkriegszeit angetroffen wurde, musste mit einer Anzeige rechnen.

Unter Schlagzeilen wie „Das Paradies der Schieber" und „Krasse Gegensätze" machten Zeitungsreporter im August und September 1947 auf Vorgänge aufmerksam, die sich auf den Ost- und Nordfriesischen Inseln, vor allem auf Norderney, Borkum und Westerland, abspielten. In Hotels, Pensionen und Privathäusern nisteten sich während der im Sommer 1947 schon wieder einigermaßen florierenden Badesaison zwielichtige Festlandbesucher ein, die mit so genannten Schwarzmarktwaren aus dunklen Kanälen gute Geschäfte machten und vor allem die Inseln als entlegene „Umschlagplätze" und Treffpunkte für Kontaktpflege betrachteten. Und so nebenbei führten sie ein feines Leben. Allem Anschein nach, so heißt es in überlieferten Berichten, profitierten auch die einheimischen Insulaner von dem sich ausbreitenden „Schiebertum".[56]

Nach dem Krieg zogen ca. 1.000 Flüchtlinge aus den deutschen Ostgebieten in die Kaserne-Mitte ein. Die Gemeindeverwaltung hatte dort eine Außenstelle u. a. auch für die Wohnraumbewirtschaftung und die Auszahlung der Fürsorge eingerichtet.

Bunker der Batterie Lüderitz

Hauptleitstand der Batterie Coronel

Nach dem Krieg wurden die Bunker der Batterie von Holtzendorff vom Meer freigespült und lagen noch viele Jahre neben dem Badestrand am Südstrand

In den beengten Räumen wurden z. T. acht Personen in einem Zimmer untergebracht. In einem großen Saal hatten die Bewohner die Möglichkeit, Tanzveranstaltungen usw. durchzuführen. Diese wurden auch von Borkumern besucht, so dass hier auch so manche Bekanntschaft fürs Leben gemacht wurde. Nach und nach zogen immer mehr Vertriebene aufs Festland, um dort einer Arbeit nachzugehen. Zunächst die Männer, später wurden dann die Familien nachgeholt. Bei einem Umzug wurde das gesamte Mobiliar auf Waggons der Borkumer Kleinbahn verladen und zum Hafen transportiert. So kam es, dass sich nach und nach die Wohnraumsituation besserte. Familien, die zunächst nur ein kleines Zimmer bewohnten, konnten ein großes oder mehrere Zimmer bekommen.

Ab 1968 kam es in der Kaserne ständig zu Brandstiftungen. Es wurden so viele Gebäude angezündet, dass in der Nacht Wachtposten aufgestellt wurden. Waren es in den ersten Jahren noch unbewohnte Baracken, ging der Brandstifter 1975 sogar soweit, die Wohntrakte schon dann anzustecken, wenn sie noch bewohnt waren. Der Täter konnte aber nie ermittelt werden.

Ende der siebziger Jahre wurde die Kaserne abgerissen. Das Gelände wurde von der Stadt Borkum an die Bundesversicherungsanstalt für Angestellte verkauft. 1983 entstand hier die neue Klinik Borkumriff der BfA.

In den ersten Jahren nach dem Krieg, der der Borkumer Wirtschaft bereits erheblichen Schaden zugefügt hatte (Zurückhaltung von Krediten wegen der Unsicherheit der Lage), sah sich die Gemeinde Borkum Problemen gegen-

Bunker vor Hotel Strandvilla Hawic
(heute Haus Seeblick)

Panzersperren in der Greunen Ste
Aufnahme von 1997

Bunker in den Steernklippdüner
Aufnahme von 2005
Foto: Thomas Harth

über, die sie aus eigener Kraft zu lösen nicht in der Lage war. Die zahlenmäßige Gegenüberstellung der Vor- und Nachkriegsverhältnisse gab hierüber folgendes Bild:

	1939	**1949**
Einwohnerzahl:	4.781	6.044
Davon Flüchtlinge:		1.092
Gästezahlen	**1938***	**1949**
a) Kurgäste	18.589	14.394
b) Passanten	2.885	2.521
c) Kinder in Heimen	2.193	3.809
Fremdenbetten	rd. 9.500	rd. 6.500
In saisonunabhängigen Betrieben beschäftigte Haushaltsvorstände:	400	30

*Die Zahlen beziehen sich auf 1938, da die Saison 1939 nur bis zum 1. September (Kriegsausbruch) lief.

Der Fortfall aller nicht von der Saison abhängigen Beschäftigungsmöglichkeiten war durch die Auflösung der Wehrmacht bedingt. Durch die starke Zunahme der Bevölkerung und die Kapazitätsminderung des Bades durch Abgabe von Einrichtungsgegenständen – vor allem Betten – an Bombengeschädigte und Flüchtlinge, durch Zweckentfremdung von Pensionshäusern und Hotels infolge des größeren Wohnungsbedarfes der Bevölkerung bzw. durch Beschlagnahme, wurde diese Lage noch verschärft. Der Gemeinderat beschloss daher am 3. Februar 1950 der Regierung Maßnahmen zur Verhütung weiteren wirtschaftlichen und sozialen Niederganges vorzulegen. Die guten Beziehungen zwischen den Niederlanden und Borkum drückten sich vor 1933 in einem stetig steigenden Anteil der Niederländer an den Borkumer Gästezahlen aus. Bei Durchführung der vom Gemeinderat vorgeschlagenen Maßnahmen erhoffe man sich neuen Anreiz für Gäste aus den Niederlanden, welches gleichzeitig ein Beitrag zur Verständigung der Völker wäre.

Als Maßnahmen waren von der Gemeinde überwiegend der Bau und die Renovierung von Gebäuden für den Fremdenverkehr und die Verbesserung der Infrastruktur sowie der Bau eines Seedeiches vorgeschlagen.

Am 27.01.1950 übergab die Stadt dem Bundesminister der Finanzen einen Antrag, das Gebiet der Nordseeinsel Borkum zum Zollausschlussgebiet zu erklären. Anlässlich einer Kabinettssitzung der Niedersächsischen Landesregierung am 18. September 1950 auf Borkum, überreichte die Stadt diesen Antrag mit der Bitte, die Angelegenheit bei den Bundesbehörden zu unterstützen und voranzutreiben. Aufgrund der Bombardierung fiel Helgoland als Zollausschlussgebiet aus.

1951 legte die Stadt Borkum einen Plan zur Sanierung der insularen Wirtschaft und zur Erschließung neuer Existenzmöglichkeiten vor. Er beinhaltete die Einbeziehung Borkums in das Sanierungsgebiet des Regierungsbezirkes Aurich.

Da der Bundesminister für Wirtschaft sich auf den Standpunkt stellte, dass die Einbeziehung Borkums in das Sanierungsgebiet Regierungsbezirk Aurich nicht zu vertreten sei, stellte die Stadt 1953 erneut einen Antrag auf Anerkennung als Sanierungsgebiet. Der Fremdenverkehrsverein Borkum schloss sich in einer Resolution der Forderung der Stadt Borkum an.

Um 1950 war der Seefliegerhorst zum Teil von den Emsländischen Strafanstalten belegt. Im Neuen Hafen befand sich die Borkumer Fischerei GmbH. Der ehemalige Marinehafen wurde als Fischereihafen verwendet. Bereits 1948 bestand die Borkumer Fischereiflotte aus zwölf Fahrzeugen.

In die Kasernenanlagen des Seefliegerhorstes kamen ab April 1953 für einige Jahre hunderte Flüchtlinge aus der DDR. Auch diese fanden schnell einen Arbeitsplatz im Bundesgebiet, so dass die Kaserne nach 1958 durch die Bundeswehr bezogen werden konnte.

In den 60er Jahren wurden die Bunker erneut von Pioniereinheiten des Bundesgrenzschutzes untersucht. Teilweise sind die Anlagen gesprengt worden, oder sie wurden zugemauert und mit Sand bedeckt. So wurden z. B. die Bunker der Batterie Lüderitz in den Kurpark „integriert".

Gesprengte Bunker beim Schutzhafen

6. Borkum als Bundeswehrstandort (1957-1996)

Obwohl Borkum aufgrund der nach dem Zweiten Weltkrieg entstandenen geo-militärischen Lage, insbesondere nach Gründung der NATO und des Warschauer Paktes, als Militärstützpunkt nicht mehr die Rolle spielte, die es in den Weltkriegen spielte, als der Gegner westlich von Borkum praktisch an der Front lag, wurde der Insel eine bedeutende Rolle seitens der Bundeswehrführung zugedacht.

Mit dem Aufstellungsbefehl Nr. 56 – Marine – des Bundesministers der Verteidigung vom 23.10.1956 wurde die Aufstellung des Marinestützpunktes Borkum befohlen.

Die Standortverwaltung

Die Wehrverwaltung des Bundes und die Streitkräfte bilden zusammen die Institution Bundeswehr. Der Vorteil dieses zweigliedrigen Aufbaues liegt darin, dass die Streitkräfte sich auf ihre militärischen Aufgaben konzentrieren. Die Wehrverwaltung ihrerseits arbeitet nach den Grundsätzen der zivilen Staatsverwaltung. Das Grundgesetz hat dies in Artikel 87b festgelegt:

„Die Bundeswehrverwaltung wird in bundeseigener Verwaltung mit eigenem Verwaltungsunterbau geführt. Sie dient den Aufgaben des Personalwesens und der unmittelbaren Deckung des Sachbedarfs der Streitkräfte".

Hinter diesem knapp festgelegten Auftrag stehen Aufgaben, die in ihrer Vielfalt und ihrem Umfang mit denen eines großen Wirtschaftsunternehmens vergleichbar sind. Die Aufgabenstellung der Standortverwaltung umfasst im Wesentlichen die Versorgung der Streitkräfte mit Unterkünften, Liegenschaftsmaterial, Verpflegung und Bekleidung sowie die Verwaltung der Gebäude und Anlagen. Weitere Aufgaben sind die Deckung des Personalbedarfes an Arbeitnehmern der militärischen und zivilen Dienststellen, die Wohnungsfürsorge für wohnungssuchende Bundeswehrangehörige, die Beratung und Betreuung der Soldaten und zivilen Mitarbeiter der Bundeswehr sowie ihrer Familien bei persönlichen und familiären Problemen.

Durch Vergabe von Aufträgen an die heimische Wirtschaft stellt die Standortverwaltung einen erheblichen Wirtschaftsfaktor dar. Auch Borkumer Betriebe und Firmen profitierten mit einem nicht unerheblichen Anteil an diesem Ausgabevolumen. Die Errichtung der Standortverwaltung Borkum, die in den ersten Jahren eine Außenstelle der STOV Aurich bildete, war eng mit der Entstehung des Marinestützpunktes verknüpft.

Am 03.01.57 traf der erste Offizier des Aufstellungskommandos, Kapitänleutnant Lang, auf Borkum ein. Die vorhandene Kasernenanlage war noch mit Flüchtlingen belegt. Die Ungarn-Krise sorgte für einen neuen Zustrom in das dem Lande Nordrhein-Westfalen gehörende Durchgangslager Borkum. Erst im Herbst 1958 wurden die Gebäude des ehemaligen Seefliegerhorstes an die Bundeswehr übergeben. Oberbootsmann a. D. Harry Boese, einer der ersten Soldaten des Vorkommandos zum Aufbau des Stützpunktes, schildert Folgendes:

„Eine Unterkunft war nicht vorhanden, da noch Umbauten im Kasernenbereich durchgeführt wurden und das erforderliche Unterkunftsgerät wie Mobiliar, Wäsche etc. noch nicht geliefert war. Aus diesem Grunde mieteten wir uns ein Zimmer mit Vollverpflegung im Hotel Rummeni. Der Truppenverwaltungsbeamte, Regierungsinspektor Rücker, bezog Quartier in der dem Stützpunkt gegenüberliegenden Baracke. Dort richtete er auch sein Büro ein. Die Büroeinrichtung bestand aus altem zusammengesuchtem Mobiliar. Die Truppenkasse befand sich in Ermangelung einer Kassette in seiner Aktentasche. In dieser Baracke war ebenfalls die Außenstelle des Staatshochbauamtes Emden einquartiert, die mit der Durchführung der Bau- und Instandsetzungsarbeiten im Kasernenbereich beauftragt war.“

Soldatenhochzeit vor der ev.-lt. Kirche

Nach und nach begann eine lebhafte Bautätigkeit. Im Juni 1961 konnten die ersten Gebäude von der Verwaltung an die Truppe übergeben werden. Gleichzeitig wurde mit dem Ausbau des Marinehafens sowie der Installation der Strom- und Wasserversorgung für die einlaufenden schwimmenden Einheiten begonnen.

Dazu liegen folgende Zahlen vor:

Stromverbrauch	1963	516.300 kWh
	1981	2.201.247 kWh
Heizungskosten	1975	598.460 DM
	1982	1.459.662 DM
Wert der baulichen Anlagen	1961	2.856.310 DM
	1970	23.983.902 DM
	1980	49.763.906 DM

Daran lassen sich deutlich die Bedeutung und die Entwicklung des Borkumer Stützpunktes ableiten. Mit der wachsenden Zahl der von der Standortverwaltung zu betreuenden Anlagen und der zu erfüllenden Verwaltungsausgaben stieg auch der Bedarf an zivilen Arbeitnehmern im Laufe der Jahre an.

Ausgezahlte Gehälter	1962	765.000 DM
	1970	3.214.186 DM
	1980	7.040.774 DM

Da die Arbeitnehmer auf Borkum ansässig sind, fließen die Gehälter überwiegend in die heimische Wirtschaft. Die ersten 49 Wohnungsbauten (Bundesdarlehenswohnungen) für die Bundeswehr wurden 1962 fertig gestellt. 1982 hatte die Standortverwaltung 221 Bundesdarlehenswohnungen in ihrem Bestand. Daneben standen 185 Bundesmietwohnungen der Bundesvermögensverwaltung zur Verfügung. 30 Eigenheime wurden mit günstigen Darlehen des Bundes gefördert.

Für verschiedene kommunale Bauten, wie z. B. das Zusatzwasserwerk, Krankenhaus, Stromversorgung und das Wellenhallenbad sind erhebliche Zuschüsse in den städtischen Haushalt geflossen.

1982 beschäftigte die Standortverwaltung zehn Beamte, 94 Angestellte und 181 Handwerker - zusammen somit 285 Mitarbeiter.[57]

Landungsboot Inger transportiert Transportpanzer vom ABC-Abwehrbataillon Emden nach Borkum

Staatshochbauamt

Das Staatshochbauamt Emden, Außenstelle Borkum, hat im Wesentlichen alle Hoch- und Tiefbaumaßnahmen sowie Bauunterhaltungsarbeiten als Landesbehörde im Auftrage des Bundes wahrgenommen.

Die Außenstelle Borkum war mit einem technischen Angestellten besetzt, der für Ausschreibungen und die Bauüberwachung zuständig war.

Das Stützpunktkommando

1959/60 begann der Auf- und Ausbau des jetzigen Geländes „Marinehafen" und des Schutzhafens zum Marinehafen.

Im Mai 1959 lagen erstmalig an einem NATO-Manöver beteiligte Einheiten und das damalige Patenschiff, der Marinetanker BORKUM, im Marinehafen. Am 16. Juli des gleichen Jahres besuchte mit der Schulfregatte GNEISENAU erstmals eine der damals größten Einheiten der neuen Flotte Borkum. Aus diesem Anlass gab es das erste „Open Ship". Besucher wurden mit Sonderzügen der Borkumer Kleinbahn zur Reede gebracht.

1960 begann der Wohnungsbau im Gebiet Upholm/Hindenburgstraße. Bis 1967 hat die Bundeswehr auf Borkum 210 Wohnungen bauen lassen. Zu diesem Zeitpunkt war der Stützpunkt auf eine Belegschaft von 78 Soldaten und 141 Zivilbediensteten angewachsen. Die Bundeswehr auf Borkum war mit 269 Zivilbediensteten der größte Arbeitgeber der Insel.

Ausbildungslager in den Steernklippdünen

Im Januar 1964 bekam der Stützpunkt mit KW 19 ein schnelles Verbindungsboot, das vor allem für Transporte von und nach Emden eingesetzt wurde.

Am 24. Oktober des gleichen Jahres lief mit der Schleswig-Holstein die größte Einheit der Flotte Borkum an. Der Zerstörer befand sich damals 14 Tage nach Indienststellung auf einer Erprobungsfahrt.

Aufgabe des Stützpunktes war es, jedes Schiff, sei es von der Bundesmarine oder von anderen NATO-Seestreitkräften, mit allem, was diese für ihren Einsatz im Frieden und im Krieg benötigen, zu versorgen. Insbesondere waren dies Betriebsstoffe, Munition, Verpflegung, technische und sonstige Verbrauchsstoffe und Ersatzteile. Hinzu kamen Unterbringung, Betreuung und sanitätsdienstliche Versorgung der Besatzungen und technische Unterstützung durch spezialisierte Werkstattanlagen und Personal. Der Besuch der schwimmenden Einheiten stellte einen bedeutenden Faktor für die Borkumer Wirtschaft dar. Dies drückt sich besonders in der Zahl der anlaufenden Schiffe und Boote mit ihren Besatzungen aus.

Es waren:

1961:	156	Schiffe	und Boote
1962:	393	"	"
1963:	368	"	"
1964:	461	"	"
1965:	593	"	"

Der Eisbrecher EISBÄR

Während im Jahre 1961 insgesamt 14.173 Soldaten als Gäste im Hafen weilten – das sind durchschnittlich 38 Soldaten pro Tag – waren es 1966 schon 52.561, somit durchschnittlich 144 pro Tag.

Der Stützpunkt Borkum war wegen seiner strategischen Bedeutung für die NATO-Partner großzügig und modern ausgebaut worden. Sollte er doch im Ernstfall die wichtigste deutsche Unterstützungs- und Versorgungsbasis der Flotte sein.

Hierzu gehörte nicht zuletzt der Ausbau des Marinehafens, der mit seinen drei Schwimmbrücken von je 100 m Länge und seiner 400 m breiten Ostkaje mit über 7 m Tiefgang alle Kriegsfahrzeuge der deutschen Flotte aufzunehmen in der Lage war. Allein der Kraftfahrzeugbestand umfasste 1967 50 Fahrzeuge.

Im Mai 1968 hatte der Stützpunkt mit Prinz Bernhard der Niederlande einen der ranghöchsten Gäste seiner Geschichte zu Besuch.

Am 27. Januar 1972 machte der Marine-Eisbrecher EISBÄR unter Kapitän Oltmann Büscher von sich reden. An diesem Tag überführten zwei Schlepper das unbemannte U-Boot U 12 nach Emden. Bei dem schweren Wetter brachen jedoch die Schlepptrossen. Unter schwierigsten Bedingungen rettete die Mannschaft von EISBÄR die U 12. Büscher und seiner Besatzung wurde für diese Tat das Bundesverdienstkreuz verliehen.

Das geborgene U-Boot U 12

An schwimmenden Einheiten waren neben den großen Landungsschiffen auf Borkum:

	NATO-Nr.	Name
Landungsschiffe LSM (Landing Ship, Medium) Klasse 550	L 750 L 751 L 752 L 753	Krokodil Eidechse Salamander Viper
Landungsunterstützungsschiffe LSM (Landing Ship, Medium) – Klasse 551	L 754 L 755	Otter Natter
Landungsfahrzeuge LCU (Landing Craft Unit) Mehrzwecklandungsboot 520, 160 t Zuladung	L 760 L 761 L 762 L 763 L 764 L 765 L 766 L 767 L 768 L 769 L 788 L 789 L 790 L 791 L 792 L 793 L 794 L 795 L 796 L 797	Flunder Karpfen Lachs Plötze Rochen Schlei Stör Tümmöer Wels Zander Butt Brasse Barbe Delphin Dorsch Felchen Forelle Inger Makrele Muräne
Landungsboot LCM (Landing Craft Mechanised) Klasse 553 mit 60 t Zuladung (50 Mann) LCM 1 – LCM 11 wurden 1989 außer Dienst gestellt und an Griechenland abgegeben.	LCM 1-28	keine Namens führung
YW, Frischwasserboot 705	Y 867	FW 4
AGB, Eisbrecher und Seeschlepper 721	A 1402	Eisbär
YT, Kleiner Hafenschlepper 729	Y 803	Blauort (ex Ira)
Küstenwachboot	Y 833	KW 19
Schnelles Minensuchboot		Widder
Küstenwachboot		KW 2
Küstenwachboot		KW 8

Tender Rhein-Klasse mit Schnellboten

Außerdem ab 1965/66 Amphibienfahrzeuge vom Typ LARC V (Lighter Amphibious Resupply Cargo) aus amerikanischen Beständen.

Am 01.12.1974 waren bei der Bundeswehr 905 Soldaten und 302 Zivilisten beschäftigt. Nach Schätzungen der NILEG entfällt auf einen Arbeitsplatz bei der Bundeswehr ein weiterer Arbeitsplatz in Handel und in Dienstleistung. Etwa 25-30 % der Arbeitsplätze waren auf Borkum von der Bundeswehr abhängig. Damit war der Marinestützpunkt nach dem Fremdenverkehr bedeutendster Wirtschaftsfaktor Borkums.[58] Damit verbunden waren auch Veranstaltungen wie der Marineball, Sportfeste und Konzerte des Marinemusikcorps. Bei seinem 10-jährigen Bestehen hatten bereits über 100 Marinesoldaten Borkumer Frauen geheiratet.

Mit der Einweihung des Mannschaftsheimes am 17. Dezember 1975 wurde zugleich das neue Betreuungskonzept der Bundeswehr in Borkum verwirklicht.

Nachdem im März 1977 mit dem 1. Landungsgeschwader der letzte, längere Zeit in Borkum stationierte, schwimmende Verband verlegt wurde, nahm das Marine-Stützpunktkommando seine Unterstützungsaufgabe nur noch für solche schwimmenden Einheiten wahr, die im Rahmen von eigenen Ausbildungsvorhaben oder Übungen den Inselhafen anliefen.

Die zum Teil nicht ständig benötigten Unterkünfte wurden für neue Unterstützungsaufgaben verwendet. So wurde ab Herbst 1978 alljährlich das Hubschraubertransportgeschwader 64 bei der Überlebensausbildung mit Personal und schwimmendem Gerät unterstützt. Andere Einheiten der Luftwaffe und des Heeres kamen hinzu.

Schnellboote im Marinehafen

Die Amphibische Gruppe

Zum sogenannten Typkommando Amphibische Gruppe gehörten:

- das 1. Landungsgeschwader,
- das 2. Landungsgeschwader und
- das Seebataillon

Am 01.04.1958 wurde das 2. Landungsgeschwader mit den folgenden amphibischen Fahrzeugen, die am 05.09.1958 in der Naval Base Charleston/USA übernommen wurden, aufgestellt:

Landungsschiffe Eidechse-Klasse 550 - LSM (Landing Ship, Medium)

- Krokodil - NATO-Kennung L 750
- Eidechse L 751
- Salamander L 752
- Viper L 753

Landungsunterstützungsschiffe Otter-Klasse 551- LSM/R (Landing Ship, Medium/Rocket)

- Otter L 754
- Natter L 755

Ebenfalls am 01.04.1958 wurde das Marine-Pionier-Bataillon mit Standort in Sengwarden bei Wilhelmshaven aufgestellt. 1959 wurde es in Seebataillon umbenannt.

Dem Seebataillon gehörten

- die Boots-Kompanie,
- das Küstenumschlag-Bataillon 2 (ab 01.04. bis 01.10.1960 auf Borkum)
- die Strandmeister-Kompanie (ab 01.01.1965 selbstständig) und
- der Kampfschwimmer-Zug (ab 01.04.1964 selbstständige Kompanie)

an.

Das Seebataillon hatte eine Stärke von ca. 200 Soldaten. Diese arbeiteten mit eigenem schwimmenden Gerät sowie mit den Booten des 2. Landungsgeschwaders eng zusammen.

Die Schnellbaustraße (Stahlstraße) beim Emmich-Denkmal

Die Landungsschiffe, die im 2. Weltkrieg im Pazifik gegen die Japaner gekämpft hatten und dann in Charleston (USA) eingemottet waren, wurden zunächst umgerüstet und über Wilhelmshaven nach Borkum überführt.

Am 01.07.1961 verlegte das Seebataillon als erster geschlossener, schwimmender Verband seinen Standort von Sengwarden nach Borkum.

Die Verlegung erfolgte mit dem Landungsgeschwader an den Nordstrand. Die Soldaten wurden zunächst in Zeltlagern in den Steernklippdünen untergebracht, da die Kasernen noch mit Flüchtlingen gefüllt waren. Erst im Oktober konnten die Männer in die Kasernen einziehen, nachdem die Räume selbst entrümpelt und renoviert wurden.

Die Strandmeisterkompanie ist der „Dreh- und Angelpunkt" während der eigentlichen Landungsphase und unterstützt die Landungstruppen bei der Überwindung der Strandzone. Dies macht umfangreiche Vorbereitungen und den Aufbau einer wirksamen Strandorganisation erforderlich. Vorstrand- bzw. Strandhindernisse sind zu beseitigen, Aufbau und Kennzeichnung zu den Strandausgängen durchzuführen. Dies beinhaltet auch ggf. die Verlegung von Schnellbaustraßen (Eine solche Stahlstraße war bis ca. 1979 vom Parkplatz Emmich-Denkmal bis zum FKK-Strand verlegt). Für die Landungsboote sind die Landestellen zu kennzeichnen und durch Peilungen (Navigationshilfen) zu bezeichnen. Der Gefechtsstand mit seinen Fernmeldeverbindungen muss aufgebaut und die militärische Sicherung einschließlich der Fliegerabwehr organisiert werden. Hinzu kommt die Einrichtung eines Berge- und Rettungsdienstes. Steckengebliebene Fahrzeuge müssen wieder flott gemacht, am Strand festsitzende Landungsboote abgedrückt oder frei geschleppt werden. Um dieser Aufgabe gerecht zu werden, besitzt der Strandmeister die absolute Befehlsgewalt in der Strandzone. Die Strandmeister verfügten über zwei Boote der Klasse 520 MzL Butt und Brasse sowie sechs Boote der Klasse 521 mit der Bezeichnung LCM 21 –26.

Zum 31.03.1965 wurde das Bataillon aufgelöst, was gleichzeitig zur Bildung selbstständiger Einheiten führte.

Die Kampfschwimmer wurden zum 01.04.1964 eine selbstständige Kompanie mit neuem Standort in Eckernförde.

Die Strandmeister wurden am 01.01.1965 selbständige Strandmeisterkompanie. Sie erhielten die Landungsboote Butt und Brasse als Seeverlegungskomponente eingegliedert. Ab 01.10.1972 verlegte die Kompanie nach Emden.

Mit der Auflösung des Seebataillons der Bundesmarine auf Borkum endet für eine lange Zeit die Ära der Marine-Infanterie und der Seesoldaten in der deutschen Marinetradition. Erst 2014 erfolgte eine Wiederneuaufstellung in Eckernförde.

Kommandeure des Seebataillons auf Borkum:

Fregattenkapitän Heinz Schomburg	06.1960 bis 10.1961
Fregattenkapitän Hagen von Holzendorf	10.1961 bis 12.1961
Fregattenkapitän Johann Janssen	12.1961 bis 11.1963
Fregattenkapitän Purkhold	12.1963 bis 09.1964
Korvettenkapitän Pest	10.1964 bis 03.1965

Das am 01.10.1965 in Wilhelmshaven formierte 1. Landungsgeschwader war ab 01.07.1968 auf Borkum stationiert [59].

Diesem gehörten zehn Mehrzwecklandungsboote (MzL) der auf deutschen Werften gebauten Klasse 520 (Flunder, Karpfen, Lachs, Plötze, Rochen, Schlei, Stör, Tümmler, Wels und Zander) sowie das LSM/R Otter (Außerdienststellung am 15.12.1967) als Führungsschiff an.

Das 2. Landungsgeschwader wurde zum 31.03.1968 in Borkum in das 1. Landungsgeschwader integriert und war somit aufgelöst. Ab 1969 wurden nach und nach die großen LSM bis 1973 außer Dienst gestellt. Zur Erhaltung der Kapazität wurde das Geschwader um sieben Einheiten der Klasse 520 (Felchen, Forelle, Delphin, Barbe, Dorsch, Makrele und Muräne) verstärkt. Ab 1972/73 erhielt das 1. Landungsgeschwader amphibische Leichter vom Typ LARC V.

Zahlenmäßig gehörte das Landungsgeschwader zu einem der größten der Flotte. Im Rahmen ihres Gesamtauftrages hatte die deutsche Marine amphibische Streitkräfte bereitzuhalten, um die Beweglichkeit eigener und alliierter Landstreitkräfte über See zu gewährleisten. Die Aufgaben reichten vom amphibischen Einsatz einzelner Boote bis zur Durchführung größerer amphibischer Unternehmen im Zusammenwirken mit Heerestruppen, den Seeluftstreitkräften und anderen Flottenverbänden unter Führung eines Seebefehlshabers – oftmals in Zusammenarbeit mit anderen NATO-Partnern.

Landung des Seebataillons am Nordstrand

Die Mehrzwecklandungsboote haben sich nicht nur bei Landungsübungen, sondern auch bei Seereisen bewährt. Die größte Reise ging 1971 nach Dublin, wo das 1. Landungsgeschwader Gast der Republik Irland war.

Landung der DUKWs

Am 01.04.1977 verlegten die 370 Soldaten und 17 Boote des Landungsgeschwaders nach Kiel.

Ausladen der Fahrzeuge vom Landungsschiff EIDECHSE

Landung auf dem Nordstrand – eine amphibische Einsatzübung

Beim 2. Landungsgeschwader am Pier 1 der Wiesbadenbrücke in Wilhelmshaven treffen vier LSM und ein LSM/R Seeklarvorbereitungen. Die roten Manöverlaternen in den Masttoppen leuchten auf. Erstes Ziel ist die große Laderampe für Fahrzeuge des amphibischen Verbandes im Vorhafen. Die Boote werden abgeblendet. Selbst die Positionslichter erlöschen. Es gilt, unter gefechtsmäßigen Bedingungen eine Einheit des Heeres an der Landerampe zu übernehmen. Auch der Vorhafen ist stockdunkel. Kaum angelandet tauchen völlig unbeleuchtete Panzer auf, wenden und fahren rückwärts über die niedergelassenen Bugrampen in die Ladedecks der Boote. Die Fahrer können sich nur an den schwach glimmenden Leuchtstäben der Einweiser des Strandmeisterpersonals orientieren. Auf EIDECHSE werden sechs MTWs vom Typ M 113 und drei mittlere Kampfpanzer geladen. Für 80 Mann ist das Truppendeck hergerichtet. Für die Nacht ist Kriegsmarsch befohlen. Nachdem die Beladung abgeschlossen ist, sammelt sich das Geschwader auf der Reede. Völlig abgeblendet geht der Verband auf Nordkurs Richtung offene See.

Am nächsten Morgen steht das Geschwader bei Hellwerden wenige Meilen nördlich der Ansteuerungstonne zur Osterems vor Borkum. Zwei MzL der Strandmeisterkompanie, die wenige Stunden zuvor von Borkum ausgelaufen sind, schließen sich an. Auf allen Landungsschiffen und dem Raketenträger sind die Kriegswachen aufgezogen, die Waffen kriegsmarschmäßig besetzt, der verschärfte Verschlusszustand „Y“ hergestellt.

Auf ein Signal mit der Klappbuchse hin – Sprechfunk ist nur in besonderen Fällen erlaubt – setzen sich die MzL vor die Boote des 2. Landungsgeschwaders. Sie haben je einen Strandmeisterzug mit allem zur Landungsunterstützung notwendigen Gerät an Bord: Mehrere Planierraupen, Amphibien-

Die Boote des Seebataillons waren als „schwimmendes Gerät“ eingestuft und waren die kleinsten Einheiten der Bundesmarine

Mit Messlatten wird gelotet. Kampfschwimmer sichern im Wasser.

DUKW fährt rückwärts aus Landungsschiff SALAMANDER

Entladen der LKWs

Absitzen der Strandmeister

Die Strandmeister markieren die Landungszone

Schützenpanzer HS 30 am Strand

fahrzeuge LARC 5, geländegängige LKW, eine mobile Funkstation usw. Wenige Minuten später meldet sich das Führerboot wieder über UHF. Der Kommandeur befiehlt: „Land the landing force!" Generalalarm wird ausgelöst. Die Kriegsfreiwachen stürzen auf Gefechtsstationen, alle Waffen werden besetzt, dass Maschinenpersonal stellt die Gefechtsgrundschaltung der Antriebsanlage her. Die wenigen Schotten, die noch offen waren, werden geschlossen. Von überall her laufen die Klarmeldungen ein. Die Spannketten der Fahrzeuge werden gelöst. Die Motoren der Panzer werden gestartet, um sie warm laufen zu lassen. Sobald die Betriebstemperatur erreicht ist, stellen sie die Motoren wieder ab, um den Lärm an Bord zu vermeiden. Der Landungsverband läuft mittlerweile gegen den Ebbstrom in die Osterems ein. Jeden Augenblick muss die Sonne aufgehen. Vorgesehener Landestrand ist ein 500 m breiter Streifen des Nordstrandes der Insel Borkum. Der Übungsbefehl sieht ein überfallartiges Anlandsetzen der Landungstruppe mit 300 Mann, acht Kampfpanzern M 48 und 22 MTW M 113 sowie zwei Radfahrzeugen vor. Gerade als der Strom kentert und die Flut einsetzt, wird gelandet. Kommt dabei ein Landungsboot am Strand fest, lässt die Flut es nach einiger Zeit von selbst wieder aufschwimmen. Vom Strandmeister kommt eine Meldung an den Kommandanten.

Er ist gelandet und übernimmt damit die Kontrolle der Schiffsbewegungen im Vorstrandgebiet. Die erste Welle von zwei LSM

Gefechtsmäßiger Abtransport eines Verletzten

Übernahme des Verletzten durch Heeresflieger mit Hubschrauber H 34

Kampfpanzer M 48 watet an Land

wird vom Strandmeister abgerufen. Die Bugtore öffnen sich, die Rampen werden halb gesenkt. Die Fahrt wird erhöht. Der Landestrand kommt aus dem Dunst hervortretend voraus in Sicht. Der Strandmeister hat zwei Deckpeilungen aus farbigem Segeltuch auf ihm errichtet. Beide Peilungen markieren die genaue Anlaufrichtung, an dem die Landungsschiffe aufsetzen sollen. EIDECHSE läuft mit über 13 Knoten. Der Heckanker muss frühzeitig fallen, um ein Querschlagen der LSM am Strand als Resultat des zu erwartenden harten Auflaufens um jeden Preis zu vermeiden. Der Kommandant gibt den Befehl „fallen Heckanker“ nach achtern. Sofort verschwindet der schwere Anker in den Fluten, beginnt die stählerne Heckankertrosse sich mit großer Schnelligkeit von der Trommel abzuspulen. Alle halten sich gut fest.

Die Panzerfahrer treten auf die Bremse. Da knirscht es unter dem Kiel, erst leicht, dann immer stärker. Innerhalb von Sekunden kommt das Landungsschiff zum Stehen. Eine hohe See, die es vor sich her geschoben hat, donnert auf den Strand. In wenigen Sekunden ist die Bugrampe ganz gesenkt. Zwei Mann springen ins Wasser. Mit Messlatten prüfen sie die Wassertiefe. Achtzig Zentimeter! Kein Problem für die tiefwatfähigen M 48 oder schwimmfähigen M 113. Das Ausbooten beginnt und die Panzer fahren mit Höchstgeschwindigkeit in Richtung auf die Dünen.

An Bord laufen inzwischen die Maßnahmen an, die Schiffe wieder freizubekom-

Die „fliegende Banane“ H 21 c Boeing Vertol

men. Die Trimmtanks, die teilweise gefüllt waren, werden gelenzt. Durch die Entladung der Panzer verringert sich der Tiefgang erheblich. Auch die Flut begünstigt das Freikommen. Die Bugrampe wird gehievt, beide Maschinen laufen mit voller Leistung rückwärts. Der Heckankermotor zieht das Schiff Meter um Meter an der Trosse, an deren Ende sich der Heckanker in den Grund gegraben hat, heraus. Das LSM geht achteraus, bis es freikommt. Mit Hartsteuerbordruder dreht EIDECHSE in die offene See. Die nächsten Schiffe laufen den Strand an. An der Dünenkette hatte bereits vorher die vorgeschobene Sicherung des Strandmeisters Fuß gefasst. Nach Überwinden der Dünen geht der Vormarsch ohne Verzug weiter.

Das 2. Landungsgeschwader sammelt sich inzwischen. Vom Kommandanten kommt der Befehl „November November three" – Übung beendet.

Vom 10. April 1962 bis Mai 1963 war das 8. Minensuchgeschwader auf Borkum stationiert.

Am 1. April 1959 wurde durch Aufstellungsbefehl Nr. 90 - Marine - vom 9. März 1959 in Cuxhaven das 8. Minensuchgeschwader aufgestellt, ihm wurde am 8. Oktober 1959 mit WOLFSBURG das erste Boot zugeteilt. Am 1. April 1962 verlegte es nach Borkum. Das Geschwader wurde bereits am 15. Juli 1963 wieder aufgelöst. Ausgerüstet waren das Geschwader mit Binnenminensuchbooten der Klasse 394 - FRAUENLOB. Diese waren im Wesentlichen identisch mit der bekannteren Klasse 393 - ARIADNE.

Die Boote M 1082 FLENSBURG, M 1086 FULDA und M 1087 VÖLKINGEN kamen nach der Auflösung zum 4. Minensuchgeschwader. M 101082 WOLFSBURG, M 1083 ULM und M 1085 MINDEN wurden vom 6. Minensuchgeschwader übernommen.

Geschwaderkommandeur war Korvettenkapitän Hermann Knaup.

Vier Tote bei NATO-Übung am Nordstrand am 16.05.1961

Am 15. Mai 1961 begann am Nordstrand das NATO-Manöver „Wolf Orange Phibex". Düsenjäger der Marine nahmen die „Festung Borkum" unter „Beschuss", Fallschirmabsprünge aus Maschinen vom Typ „Noratlas" schlossen sich an. Beim letzten Absprung gerieten zwei Fallschirme inei-

Gefechtsübung in den Ostlanddünen

nander und zerrissen; beide Springer lösten ihre Reserveschirme und landeten wohlbehalten. Aus Transportflugzeugen wurden mit drei aneinander geketteten Fallschirmen PKW abgeworfen. Landungsboote brachten Panzer vom Typ M 48 und HS 30 sowie Truppen auf den Strand. Hubschrauber flogen auf dem Luftwege Soldaten an Land. Beim Anlanden des Panzergrenadierbataillons 82 aus Lüneburg kam es zu einem tragischen Unglücksfall. Beim Verladen eines Schwimmwagens vom Typ DUKW von einem Landungsboot rutschte dieser von der Bootsrampe ab und versank kopfüber mit 22 Soldaten. Drei Soldaten ertranken, ein vierter ist nach der Bergung an Bord des Landungsschiffes einem Herzschlag erlegen.[60]

Die Seemannschaftslehrgruppe

Das Marineausbildungsbataillon, hervorgegangen aus der 2. Schiffsstammabteilung, wurde zum 30.09.1969 aufgelöst und führte seine Arbeit ab 01.10.1969 unter der neuen Bezeichnung Seemannschaftslehrgruppe auf Borkum weiter.

Die Seemannschaftslehrgruppe nahm als Truppenschule die Tätigkeit als Ausbildungsstätte des seemännischen Nachwuchses auf. Hierzu gehörten Deckdienst,

Seemannschaft theoretisch und praktisch, Geschützexerzieren, Pflege- und Wartungsarbeiten, Ballistik, Munition und Geschützkunde, Navigation und Fernmeldedienst, Morsen und Signalisieren. Die Durchführung erfolgte u. a. auf den Schulbooten KW 2 (Y 831) und KW 8 (Y 828), später auf dem Landungsboot INGER.

Die Ausbildung erfolgte innerhalb folgender Lehrgänge:

- Grundausbildung der Verwendungsreihe 11 (Seemännischer Dienst)
- Fachausbildung zum Maaten (Fachlehrgang 1)
- Fachausbildung zum Bootsmann.

In Sonderlehrgängen für Unteroffiziere konnten der Kraftbootführerschein und eine Prüfungsbescheinigung zum Rettungsbootsmann erworben werden.

In der 2. und 3. Inspektion wurden den jungen Rekruten in drei Monaten alle Fertigkeiten und Grundkenntnisse für den im Anschluss folgenden Dienst an Bord beigebracht.

Für die weiterführenden Lehrgänge war die 1. Inspektion zuständig. In ihr sind Ausbildungsabläufe, vom Maatenanwärter bis zum angehenden Bootsmann, zusammengezogen und in Hörsäle aufgegliedert. Die Ausbildung zum Maaten dauerte sechs Monate. Diese unterteilten sich in drei Monate Fachlehrgang 1, zwei Wochen Schiffssicherungslehrgang, vier Wochen Artilleriedienst und sechs Wochen allgemeine militärische Ausbildung, die ihm für seine spätere Tätigkeit als Abschnittsleiter an Bord oder Gruppenführer in einer Ausbildungseinheit seiner Verwendungsreihe dienten.

Der dreimonatige Fachlehrgang 2 für die Bootsmannanwärter wurde ebenfalls in der 1. Inspek-

Seemännische Ausbildung

Seemännische Ausbildung

tion durchgeführt. Die Schwerpunkte dieser Ausbildung liegen im Bereich des Deckdienstes und der Seemannschaft. Seeversorgung, terrestrische Navigation, politische Bildung, materielle Versorgung und Methodik der Ausbildung standen auf dem weiteren Ausbildungsprogramm, um den Anwärter an Bord als Decksmeister oder als Zugführer in Ausbildungseinheiten der Verwendungsreihe 11 einsetzen zu können. Allein in den ersten 25 Jahren ihres Bestehens hatten mehr als 20.000 Lehrgangsteilnehmer der Verwendungsreihe 11 die Ausbildung bei der Seemannschaftslehrgruppe in Borkum durchlaufen.

Kommandeure der Seemannschaftslehrgruppe:

Fregattenkapitän Helmut Radke	01.10.1969 bis 30.09.1974
Fregattenkapitän Struckmann	01.10.1974 bis 30.09.1976
Fregattenkapitän Heilmann	01.10.1976 bis 31.03.1982
Fregattenkapitän Teichmann	01.04.1982 bis 30.09.1986
Fregattenkapitän Schwarzin	01.10.1986 bis 30.09.1990
Fregattenkapitän Hannes Haas	01.10.1990 bis 31.03.1996

Mit der Aufstellung dieser Ausbildungseinrichtung hatte dann auch die Fachrichtung 11 der Marine (Deckdienst) ihre eigene Schule. Sie bildete vierteljährlich 240 Gasten, 60 Unteroffiziersanwärter und 20 angehende Bootsleute aus.

Die Artillerieausbildung der Gasten zum Richtschützen wurde bis Juli 1976 mit vier Feldlafetten 40 mm L/70 durchgeführt. Seit Juli 1976 stand die Artillerieübungshalle (das Barbarahaus) zur Verfügung. Hier standen vier Einzellafetten 40 mm, wie sie auf Minensuchbooten und Tendern montiert waren und zwei Einzellafetten 20 mm neuerer Bauart, auf die die Landungsboote damals umgerüstet wurden. Neben der Halle waren noch zwei Einzellafetten 40 mm, eine 40 mm Brenda-Doppellafette sowie ein Richtgerät vom Typ ORG 7 aufgebaut. Eine Schlingerplattform unter den Geschützen erlaubte es, die Stampf- und Schlingerbewegungen eines Schiffes wirklichkeitsnah zu simulieren.

Ausbildung vor dem Barbarahaus

Bei der Seemannschaftslehrgruppe Borkum wurde im Oktober 1971 auch ein Matrosenchor gegründet, der bei verschiedenen Auftritten, u. a. der Nikolausfeier der Seemannschaftslehrgruppe, auf dem Ball des Standortältesten, im Altenheim Borkum oder vor Kurgästen sang.

1972 leistete die Bundesmarine bei einer Suchaktion Amtshilfe auf Spiekeroog. Zwei vermisste Schüler mussten gesucht werden. Es beteiligten sich 160 Soldaten der Seemannschaftslehrgruppe und der Strandmeisterkompanie. Der Trans-

Ausbildung an der 40-mm-Kanone

port nach Spiekeroog wurde mit zwei Landungsbooten durchgeführt. In einer Kette durchkämmten die Soldaten sieben Stunden lang die Insel zweimal längs und einmal in Querrichtung. Als Geräte standen ihnen zwei LARCs, ein Funkwagen, ein Jeep sowie Funkgeräte zur Verfügung. Die Kommandeure überwachten die Aktion vom Hubschrauber aus. Die vermissten Schüler konnten jedoch nicht gefunden werden.

Durch die Verkürzung der Wehrpflicht von 18 auf 15 Monate hatte sich ab Januar 1973 der Ausbildungsablauf in der Marine erheblich geändert. Neben der bisher schon durchgeführten fachlichen Grund- und Weiterbildung von Soldaten war die militärische Grundausbildung als neuer Ausbildungszweig hinzugekommen.

Seemannschaftslehrgruppe mit Hauptwache

Kompanie- und Lehrsaalgebäude

Dazu musste die Strandmeisterkompanie nach Emden verlegt werden, um notwendige Unterkünfte zu schaffen, da die Seemannschaftslehrgruppe um ca. 200 Soldaten auf eine Gesamtstärke von 740 Soldaten erweitert wurde.

Anfang 1973 traten erstmals 370 Rekruten aus allen Teilen der Bundesrepublik ihren Dienst bei der Seemannschaftslehrgruppe an. Am 9. Februar 1973 wurde durch den Kommandeur der Seemannschaftslehrgruppe, Fregattenkapitän Radke, in der Kasernenanlage des ehemaligen Seefliegerhorstes die erste Vereidigung einer neuen Einheit bei der Seemannschaftslehrgruppe durchgeführt.

Das Eintreffen neuer Rekruten bemerkten die Insulaner alle Vierteljahr meist recht unangenehm beim ersten Landgang. Die jungen Soldaten benahmen sich ähnlich wie Schlachtenbummler bei einem Fußballspiel. Hier hatten die Polizei und die Feldjäger so manchen Einsatz. Der Ordnungsdienstabschnitt Borkum des Feldjägerdienstkommandos Wilhelmshaven sorgte insbesondere während der Saison mit ein bis zwei Feldjägern für Ordnung.

Dabei darf man aber auch nicht vergessen, dass die vielen Soldaten für die männlichen Borkumer auch eine erhebliche Konkurrenz bei der Brautschau darstell-

Lehrsaalgebäude

Vereidigung auf der Wandelhalle

ten. Nicht selten hat dies „an Land“ zu entsprechenden Reibereien geführt.

Im Juni 1973 wurde zum ersten Mal eine Vereidigung von 325 Zeitsoldaten vor Hunderten von Gästen und Insulanern auf der oberen Strandpromenade nach vorausgegangenem Gottesdienst durchgeführt. Dazu wurden die Soldaten mit Sonderzügen der Borkumer Kleinbahn von der Kaserne in den Ort gefahren. Das Marinemusikkorps aus Wilhelmshaven zog auf. Fregattenkapitän Radke schritt die Front ab und richtete anschließend einige der Feierlichkeit entsprechende Worte an die Soldaten.

Im Juli 1974 wurden die beiden Schulboote KW 2 und KW 8 zur Außerdienststellung in das Marinearsenal in Wilhelmshaven verabschiedet. Beide Boote waren in den Jahren 1942/43 gebaut und noch im Krieg eingesetzt worden. 1956 wurden sie von der Bundesmarine übernommen und waren seit 1963 als Ausbildungsboote beim 2. Marine-Ausbildungsbataillon in Flensburg. Mit der Verlegung dieser Einheit 1969 kamen auch diese Boote nach Borkum. Von 1969 bis 1974 erhielten ca. 6.000 Soldaten eine seemännische Ausbildung an Bord der Schulboote. Sie wurden durch das Mehrzweckladungsboot Inger ersetzt, das am 5. August 1974 aus der

Marineeisbrecher EISBÄR

Reserveflottille der Marine wieder in Dienst gestellt wurde.

Im Februar 1974 kam es durch einen Gefreiten des 1. Landungsgeschwader zu einer dramatischen Straftat. Der 23jährige kaperte in der Nacht mit Waffengewalt die Autofähre OSTFRIESLAND der AG-Ems. Mit vorgehaltener Maschinenpistole zwang der Mann Kapitän Siemers, das Schiff klar zum Auslaufen zu machen. Zuvor hatte der Soldat Schüsse abgegeben, die jedoch nicht trafen. Zwanzig Minuten später lief die OSTFRIESLAND von Borkum mit Kurs Emden aus. Erst kurz vor der Knock ließ sich der Soldat vom Steuermann überreden aufzugeben. Das Schiff drehte und lief nach Borkum zurück. Hier wurde der Soldat festgenommen. Der Gefreite vom Landungsboot MAKRELE, der seit drei Jahren bei der Marine war, hatte die Nase voll und wollte nach Emden gebracht werden, um mit seinem Auto wegzufahren. Am

Landungsboot FORELLE

Küstenwartboote KW 2 und 8, dahinter Eisbrecher und Schlepper Eisbär

nächsten Tag wurde der Mann in Aurich dem Haftrichter vorgeführt.

Am 05. Juli 1974 lag das Segelschulschiff Gorch Fock in der Fischerbalje zur Übernahme des Amtschefs Marineamt, Konteradmiral Luther.

Im August 1975 unterstützten drei Verkehrsboote der Seemannschaftslehrgruppe das Marinestützpunktkommando Wilhelmshaven beim Besuch des Flugzeugträgers USS Nimitz.

1977 war die Seemannschafts-Lehrgruppe mit rund 600 Soldaten und 24 Zivilbediensteten die größte Einheit auf Borkum und bildete hier die eigentliche Truppe.

UHG und OHG

1977 übernahm die UHG (Unteroffiziersheimgesellschaft), ein eingetragener Verein, ihr für rd. 850.000 € gebautes Heim.

Zweck des betreibenden Vereins war, insbesondere die Pflege der Kameradschaft, die dienstliche und außerdienstliche Betreuung ihrer Mitglieder, die Durchführung kultureller und gesellschaftlicher Veranstaltungen und Pflege der Beziehung zwischen Bundeswehr und anderen gesellschaftlichen Bereichen zu fördern und dafür die organisatorische, personelle und materielle Voraussetzung zu schaffen. Eine entsprechende Einrichtung bestand auch für die Offiziere (OHG)

In diesem Heim hat so mancher Angehöriger der Bundeswehr für günstiges Geld seine Familienfeier abgehalten, was gelegentlich die Borkumer Gastronomie auf den Plan rief. Die UHG setzte sich mit Spendengeldern aber auch für soziale Belange ein. So wurde zum Beispiel der Spielplatz in der Wilhelm-Feldhoff-Straße mit Spielgeräten ausgestattet. Für die Borkumer Jugend wurde eine Zeitlang ein Disco-Nachmittag veranstaltet.

1981/82 wurde das Lehrsaalgebäude und die Fußgängerbrücke als Verbindung zwischen Seemannschaftslehrgruppe und Stützpunkt gebaut. Im Juni 1983 erfolgte die Anlieferung des Aufbaues der Seeversorgungssimulationsanlage durch LCU Inger. Eine Standortschießanlage wurde 1985 gebaut.

Am 21./22. Mai 1985 hielt der neue Amtschef, Flottillenadmiral Braun, seine erste Kommandeurstagung bei der Seemannschaftslehrgruppe ab.

Kommandeurstagung der Bundeswehr auf Borkum

Vom 2. bis 4. Mai 1979 fand auf Borkum die 23. Kommandeurstagung der Bundeswehr vor 355 Generalen, Admiralen und Obersten in Kommandeurstellungen statt. Unter der Leitung vom Generalinspekteur der Bundeswehr, Brandt, ging es um Fragen der Organisation und Struktur in der Armee sowie um sicherheits- und verteidigungspolitische Themen, wie etwa das unterschiedliche Kräfteverhältnis zwischen NATO und Warschauer Pakt.

Auch sprachen Verteidigungsminister Hans Apel (SPD) und Außenminister Hans-Dietrich Genscher (FDP) zu den Soldaten. General Brandt hatte zuvor in einem Interview auf den Verwendungs- und Beförderungsstau sowie die hohe Dienstzeitbelastung hingewiesen.

Gleich mehrere Transportmaschinen vom Typ Transall und Hubschrauber CH-53 standen in Reihe auf dem Borkumer Flugplatz. Die Insel war voller Militär, die die Offiziere sowie drei Minister bewachten. Überall waren neue Telefonleitungen verlegt, unzählige Wände waren abgeklopft worden, damit kein Unbefugter mithören konnte, was hinter verschlossener Tür beraten wurde. In den Hotels waren Dutzende von Journalisten und Fotografen untergebracht.

Die Marinesanitätsstaffel

Die Marinesanitätsstaffel Borkum – dem Marinestützpunktkommando Borkum unterstellt – versorgte sanitätsdienstlich alle Einheiten und Dienststellen der Bundeswehr auf Borkum sowie einlaufende Verbände. Nebenamtlich wurde der standortärztliche Dienst wahrgenommen. Alle Soldaten der Bundeswehr, die sich auf Borkum z. B. in Urlaub befanden, wurden truppensanitätsdienstlich mitversorgt.

Diese Betreuung erstreckte sich nicht allein auf die ärztliche und zahnärztliche Behandlung erkrankter Soldaten. Der Staffel oblag außerdem die Überwachung der Truppenhygiene im Standort und taucherärztliche Aufgaben sowie die medizinische Fortbildung des Personals.

Hierfür stand ein Sanitätsbereich mit Betten für 30 Patienten zur Verfügung. Neben Sprechzimmern verfügte die Einheit auch über einen Operationssaal, in dem die kleine Chirurgie problemlos durchgeführt werden konnte. Die erste Behandlung im Sanitätsbereich erfolgte 1958 durch einen Vertragsarzt, der später durch aktive Sanitätsoffiziere abgelöst wurde. Der damalige Sanitätsbereich des Marinestützpunktkommandos Borkum wurde 1967 in die Marinesanitätsstaffel Borkum umgewandelt.

Die Marinefernmeldegruppe 22 – Außenstelle Borkum

Bereits am 1. April 1957 wurde auf der Reede eine Fernmeldestelle ins Leben gerufen, die zunächst dem Marinestützpunktkommando Borkum, dann ab 1962 der Marinefernmeldegruppe 22 unterstellt wurde.

Hubschrauber Sea King auf dem Stützpunkt

Die Fernmeldeaußenstelle betreute gewissermaßen als Bundeswehrfernmeldezentrum für Borkum alle hier stationierten Dienststellen und Kommandos sowie die jeweils im Marinehafen liegenden Schiffe und Boote.

Als kleinste Dienststelle im Standort „verarbeitete" die Fernmeldeaußenstelle eine Größenordnung von nahezu 250 m Fernschreiben pro Tag und vermittelte ca. 350 bis 400 Orts- und Ferngespräche an einem Arbeitstag.

Ab 1974 wurden in der Vermittlungsstelle auch die Aufgaben einer Feuermeldestelle mit für die Feuerwehr der Stadt Borkum übernommen, da diese Tag und Nacht besetzt war. Alle Brand- und Hilfeleistungseinsätze der Borkumer Feuerwehr wurden hier entgegengenommen und ein Alarm über Funkmeldeempfänger oder Sirenen ausgelöst. Diese Amtshilfe endete im Oktober 1985.

Gelegentlich wurde auch die Marinesignalstelle an der Süderstraße im Rahmen von Manövern und Übungen aktiviert.

Die Bundeswehrfeuerwehr

Im April 1965 richtete das Marinefliegergeschwader 5 (MFG 5) – Kiel-Holtenau, auf Borkum eine Außenstelle ein. Ein TLF 750 (Tanklöschfahrzeug) mit zwei Mann der Kieler Feuerwehr kamen nach Borkum. Am 1. August 1965 trat Heinz Grabisch als erster bei der Feuerwehr ein. Danach wurde die Feuerwehr auf sechs Mann aufgestockt. Leiter war Heinz van Hettinga. Je drei Mann absolvierten einen 24-Sunden-Dienst.

1968 wurde die Einheit auf vier Mann reduziert. Etwa 1974 mussten alle Feuerwehrfahrzeuge von rot auf NATO-oliv umgespritzt werden; später auf Tarnanstrich. 1975 wurde die Flugplatzfeuerwehr in Stützpunktfeuerwehr umbenannt und die Personalstärke auf neun Mann erhöht.

In den 28 Jahren bis zur Auflösung des Standortes Borkum waren im Wesentlichen folgende Einsätze zu verzeichnen:

- ein Kantinenbrand
- zwei Zimmerbrände
- ein Dachgeschossbrand
- diverse Triebwerkbrände an den alten Hubschraubern
  Diese konnten immer schnell gelöscht werden. Somit konnte Millionenschäden verhindert werden.

TLF 2800/400 Magirus und FL 1000 Mercedes der Bundeswehrfeuerwehr

Zu den Einsätzen auf dem Bundeswehrgelände kamen noch zahlreiche Unterstützungseinsätze bei der Freiwilligen Feuerwehr der Stadt Borkum.

Aber nicht nur bei Feuerwehreinsätzen leistete die Bundeswehr „Amtshilfe“. Sie war fester Bestandteil der Katastrophenschutzplanung bei der Stadt Borkum. Mit ihrem großen Bestand an Fahrzeugen, Gerät und Personal war sie ein bedeutender Pfeiler für die Bewältigung von Großeinsätzen.

Zu erwähnen ist hier insbesondere die schwere Sturmflut von 1962 und die Schneekatastrophe von 1978/79. Aber auch kleinere Hilfeleistungen standen auf dem Programm. 1965 transportierte ein Landungsboot die neue Drehleiter der Feuerwehr nach Borkum, da es noch keine Autofähren gab. Strandverschmutzungen durch Öl hat die Bundeswehr gemeinsam mit Stadt, Kurverwaltung und Feuerwehr beseitigt. Mit dem schweren Autokran wurden oftmals entgleiste Züge der Borkumer Kleinbahn wieder ins Gleis gesetzt. Wenn die Stadtverwaltung jedes Frühjahr alle Vereine zur Inselreinigung aufrief, fehlten auch hier die Soldaten nicht.

Das Marinefliegergeschwader 5 – Außenstelle Borkum

Erste Landungen von Hubschraubern vom Typ Sycamore aus Kiel fanden schon 1960 statt. 1974 wurde die Außenstelle ausgebaut. 1975 kam das Nachfolgemodell für den Hubschrauber Sikorsky H 34 (zivile Bezeichnung S 58), der MK 41 Sea King nach Borkum.

Der auf Borkum stationierte Seenotrettungshubschrauber machte am 16. Februar 1965 das erstemal Schlagzeilen. Oberbootsmann Hubert Struck und seine Besatzung retteten neun Mann von dem sinkenden norwegischen Schiff JODELTO.

1992 stand rund um die Uhr eine einsatzklare SAR-Maschine für den Luft- oder Seenotfall in Bereitschaft. Die Abkürzung SAR „Search and Rescue" zu deutsch „Suchen und Retten" bezeichnet international staatliche Dienste für den Luft- und Seenotdienst. 24 Soldaten und Zivilbeschäftigte teilten sich im wochenweisen Wechsel den 24-Stunden-Dienst. Die Bereitschaftscrew bestand aus vier Technikern, einem Flugabfertiger und der vierköpfigen Hubschrauberbesatzung, die montags und freitags auf dem Luftwege ausgetauscht wurde.

Ersatzteile waren in einem angelegten Vorratsbestand vorhanden. Die Versorgung erfolgte über die Flotten-, Marineflieger-, und Luftwaffenversorgung. Regelmäßig wurde von der SAR-Crew ein Trainingsflug à 90 Minuten durchgeführt, bei dem Notsituationen geübt wurden.

In den ersten 25 Jahren nach seiner Gründung am 01.02.1965 hatten die Hubschrauber der Außenstelle 2.875 Einsätze zu verzeichnen. Unzählige Insulaner und Gäste haben ihr Leben der SAR-Dienststelle zu verdanken. Fast ¾ der Ein-

SAR Hubschrauber SEA KING

Vorführung mit Hubschrauber H 34 am Nordstrand für die DGzRS

sätze wurden als zivile Krankentransporte geflogen. Wattwanderer wurden aus Seenot gerettet, schwangere Frauen zur Entbindung in das Emder Krankenhaus gebracht. 140 Schüler wurden beim „Big Lift“ im Eiswinter 1976 von einer Klassenfahrt nach Wangerooge zurück aufs Festland zu den Eltern und in die Schule gebracht, weil die Fähre wegen des Eisganges nicht fahren konnte.

Aber auch zivile Rettungshubschrauber haben hier schon getankt. So z. B. im Jahr 2003, als eine Patientin vom Borkumer Krankenhaus ausgeflogen werden musste. Die Hubschrauberbesatzung aus Hannover wollte nach dem Krankentransport über Emden wieder nach Hannover zurück. Da es aber schon nach 23 Uhr war, und für den langen Rückflug nicht genug Sprit im Tank war, wurde auf Borkum getankt. Alle anderen in Frage kommenden Flughäfen (Bremen, Brake) hatten schon geschlossen.

Im Jahr 2004 konnten 350 Landungen verzeichnet werden. Die Hubschrauber werden betankt, es wird Unterkunft und Verpflegung gestellt. 2017 wird die SAR Außenstelle durch vier Soldaten – ein Außenstellenleiter sowie drei Vertreter – im Schichtbetrieb betreut. Ein Zivilbeschäftigter ist für die Wartung und Instandsetzung des Geländes und der Gebäude angestellt. Der Standort gewährleistet eine 24-Stunden Tankbereitschaft für Hubschrauber der Bundeswehr, der Polizei und des ADAC. Mehrmals im Jahr finden Schulungen für fliegendes Personal der Bundesmarine statt. Dazu werden teilweise gleichzeitig zwei Hubschrauber vom Typ Sikorsky MK 41 Sea King eingesetzt. Auch als Tagungsort für Seminare der Bundesverwaltung oder der Polizei wird das SAR-Gebäude genutzt. Insbesondere in der Sommersaison dient der Landeplatz auch für die Durchführung von zivilen Krankentransporten. Dadurch werden nächtliche Ruhestörungen im Kurort vermieden.

Seeflugausbildung beim Marinefliegergeschwader 5

Ab 1978 führte das Hubschraubertransportgeschwader 64 der Luftwaffe aus Ahlhorn erstmalig eine Seeflugausbildung auf Borkum durch.

Nachtbergung in See und Rettung aus Seenot stellten an die Männer hohe Anforderungen. In den ersten zehn Jahren waren jedes Jahr bis zu fünf Maschinen mit ungefähr 40 Soldaten und zivilen Technikern für fünf Wochen auf Borkum. So konnten in dieser Zeit 600 Teilnehmer ausgebildet und 4000 Flugstunden mit Hubschraubern vom Typ Bell UH 1 D geflogen werden.

Als die schwimmenden Einheiten noch auf Borkum stationiert waren, wurden auch Übungen mit den Marineschiffen INGER, EISBÄR und FW 4 (Frischwasserversorger) sowie dem Rettungskreuzer der DGzRS durchgeführt. Dabei waren auch Besatzungen aus Frankreich und Taucher aus Italien eingebunden.[61]

Bei der Stationierungsplanung der Bundeswehr kam im August 1991 das endgültige „Aus“ für den Marinestandort Borkum. Die Zahl der Soldaten von damals 439 sollten auf 20, die Zahl der Zivilbeschäftigten von 109 auf 22 reduziert werden. Am 11.02.1996 fand in der Turnhalle der Marine eine Abschiedsfeier mit Livebands und Bierzelten für die Borkumer Bevölkerung statt. Im März 1996 fand die letzte Vereidigung von Wehrpflichtigen auf Borkum statt.

Zurück blieb nur noch die Außenstelle des Marinefliegergeschwaders 5.

Auf der Reede besteht derzeit nur ein Bereitschaftsdienst der SAR, um die Sicherheit bei Luft- und Seeunfällen über der Nordsee zu gewähren. Dies stellt die Aufgabe des Stützpunktes gemäß Verfügung des Bundesverteidigungsministeriums dar.

Unterhalten wird der Außenlandeplatz Borkum durch einen einzigen Soldaten. Der SAR Hubschrauber aus Helgoland kann hier im Einsatzfall tanken. Dazu

Seeflugausbildung Hubschrauber Bell UH 1 D mit Landungsboot Inger

stehen zwei Tanks mit 30.000 l und 20.000 l Kraftstoff zur Verfügung. Die Versorgung mit Kraftstoff erfolgt mit LKW. Im Gegensatz zu Helgoland können auf Borkum Einsatzübungen durchgeführt werden.

Die Marinekameradschaft Borkum

Der Deutsche Marinebund (DMB) ist der Dachverband aller Marinekameradschaften. Ehemalige und aktive Angehörige der Marine, Seedienste, der Handelsschifffahrt und der Fischerei sowie solcher Personen, die diese Einrichtungen fördern und das maritime Gedankengut bejahen und pflegen, gehören der örtlichen Gliederungen einer Marinekameradschaft an.

Der DMB pflegt die deutsche Marinetradition und fördert alle Bereiche der deutschen Seefahrt in enger Zusammenarbeit mit Marine und Handelsschifffahrt.

Die Marinekameradschaft wurde am 17.07.1970 in der Gaststätte „Zum Wattenmeer" gegründet. Der Gastwirt seinerzeit war Helmut Friedrichs. Hier trafen sich das Stammpersonal der Seemannschaftslehrgruppe, des Standortes und der dort stattfindenden Lehrgänge, die Ausgang hatten.

Zehn Interessenten hatten sich zusammengetan, um eine Kameradschaft ins Leben zu rufen. Als Vorsitzender der neu gegründeten „Marinekameradschaft" wurde der Korvettenkapitän Manfred Kalutza, Seemannschaftslehrgruppe, gewählt. Bereits Ende des Jahres betrug die Mitgliederzahl 21 Kameraden.

Durch die Versetzungen innerhalb der Bundesmarine wechselten die Vorsitzenden in der jungen Kameradschaft, bis 1972 der damalige Signalmeister Heinz Hedden am 03.02. zum Vorsitzenden gewählt wurde. Unter der Führung von Hedden erlebte die Marinekameradschaft Borkum einen Aufschwung.

Am 03.03.1973 wurde die Marinejugend Borkum gegründet. Zuvor lag im Rathaus eine Liste aus, in der sich 118 Jugendliche als Interessenten eingetragen hatten. Die Marinejugend war als Teil der Marinekameradschaft gedacht und wurde von den Mitgliedern Manfred Gröpel und Ludwig Paggen betreut. Diese vermittelten den Jugendlichen seemännische Fertigkeiten z. B. beim Segeln.

In der Zwischenzeit hatte sich auch ein Chor der Matrosen unter der Leitung von Oberbootsmann Knappe gegründet, der zu den Versammlungen eingeladen wurde und sein Können vortrug.

Im Jahre 1974 konnte die Marinekameradschaft als Vereinsboot ein ausgesondertes Minenräumboot der Klasse R 173 von der VEBEG, dem Verkaufsportal des Bundes, erwerben. Das Boot wurde zunächst von Mitgliedern der MK instand gesetzt und danach im September 1974 durch den Schleppverband FW 4 und Blauort zur Insel gebracht, wo es seinen Liegeplatz zwischen Brücke 1 und Ladepier einnahm. Es wurde auf den Namen Skorpion getauft.

Im Jahre 1996 betrug der Mitgliederbestand unter der Leitung von Heinz Hedden 50 Personen.

Es kristallisierte sich innerhalb der Marinejugend eine Gruppe, die musikalisch wirken wollte und andererseits die Gruppe, die maritim ihr Interesse setzte. So wurde der Spielmannszug unter der Leitung von Ludwig Paggen 1973 aus der Taufe gehoben. Der Spielmannszug wirkte lange Jahre beim Veranstaltungsprogramm der Kurverwaltung mit. So war er auf den Borkum-Abenden und den Fackelumzügen gemeinsam mit der Feuerwehrkapelle aktiv. Am 18.12.77 spielten bei einem Adventskonzert in der Kurhalle am Meer der Spielmannszug der Marinejugend, es sang der Matrosenchor und es spielte die Burchana Band.

Bereits 1998 betrug der Mitgliederbestand 67 Kameraden. Die Marinejugend – Maritim – hatte 15 Segelscheine zur Prüfung angemeldet und auch bestanden. Durch Unstimmigkeiten trennte sich 1980 der Spielmannszug von der maritimen Jugend.

Die „MK"- Borkum nutzte bis 1989 die Skorpion als Heimschiff. Danach wurde der Liegeplatz für das Feuerschiff Borkumriff frei gemacht und das Boot abgewrackt.

Die Reservistenkameradschaft Borkum

Die nordwestlichste Reservistenkameradschaft der Bundesrepublik Deutschland wurde 1963 auf Borkum gegründet. Traditionsgemäß repräsentiert das RK-Mitglied, nach Schließung des Marinestandortes die Bundeswehr im Allgemeinen und den Verband der Reservisten der deutschen Bundeswehr im Besondern. Ausgestattet mit einem eigenen komfortablen Vereinsheim, und einem jährlich wechselnden Veranstaltungskalender ist die RK Borkum heute ein fester Bestandteil des Insellebens geworden.

Die Aktivitäten umfassen alle Bereiche der Arbeit im Verband der Reservisten:

- Aus- und Fortbildung
- Teilnahme an Schießsportveranstaltungen auch in Zusammenarbeit mit zivilen Schützenvereinen
- Verteidigungspolitische Arbeit durch Vorträge und Diskussionen
- Öffentlichkeitsarbeit durch Präsenz im Leben der Gemeinde Borkum und bei Veranstaltungen der Bundeswehr und des Verbandes

Die „RK" verbindet vor allem das Interesse an der Bundeswehr, den Wettkämpfen und der Sicherheitspolitik. Weiterhin sind sie an einer Auffrischung und Verbesserung der militärischen Ausbildung interessiert. Dabei kommt die Kameradschaftspflege auch nicht zu kurz. Ziel ist, die Arbeit der Reservistenkameradschaft der Bevölkerung näher zu bringen. Der Reservist soll Mittler zwischen Bundeswehr und ziviler Bevölkerung sein.

Eine Ausbildung im Winterbiwak

Am Wochenende vom 11. bis 13.02.2005 führte die Reservistenkameradschaft Borkum nach knapp neunjähriger Pause wieder ein Biwak auf Borkum (Ostland) durch. Die angereisten Gäste aus Langenleban (Österreich), Oerlinghausen und natürlich die Kameraden der RK Borkum fanden sich am Freitag ab 8 Uhr auf dem Gelände des Campingplatz Aggen ein, um den Biwakplatz mit Großzelt und Ausbildungsgerät auszurüsten. Leider durfte dies seitens der Bundeswehr nicht auf Duala durchgeführt werden. Klaas Aggen stellte ein Gelände als Ersatz zur Verfügung. Am Abend fand die Einweisung der Marschteilnehmer in den Marsch und in die einzelnen Stationen statt. Nach einem reichhaltigen Frühstück, das aus organisatorischen Gründen im Cafe Ostland stattfand, begann der Marsch gegen 9 Uhr. Die Teilnehmer mussten auf einer Strecke von ca. 12 km verschiedene Stationen anlaufen. Diese waren eine Sanitätsstation unter Leitung des DRK, gefolgt von den Stationen Handgranatenzielwurf, Überqueren eines Gewässers, Schießen mit Bundeswehr untypischen Waffen im Sportschützenverein und der Station Knoten und Bunde. Eine unplanmäßige Verlegeübung auf Zeit war bedingt durch das Unwetter am Mittag notwendig. Somit wurde das Biwak unbürokratisch und schnell mit räumlicher Unterstützung des StBtsm Sauer M F G 5/Ast Borkum auf der Reede fortgeführt. Anlässlich der Siegerehrung sprach Bürgermeister Akkermann seine Grüße aus. Nach dem Abbau und Einlagerung der Ausrüstungsgegenstände am Sonntagmittag im RK Heim wurde das Biwak beendet.

Der ehemalige Bundeswehrgelände heute

Das Nordseeheilbad Borkum lebt seit über hundertfünfzig Jahren überwiegend vom Fremdenverkehr. Das Militär war fast 100 Jahre ein wichtiges zweites Wirtschaftsstandbein. Fast zehn Jahre nach Schließung des Bundeswehrstandortes existiert nur noch der Hubschrauberlandeplatz.

Mit der Schließung des Standortes galt es einerseits das Personal entweder in den Borkumer Arbeitsmarkt zu integrieren oder andererseits an andere Standorte zu versetzen. Viele Soldaten und Zivilbedienstete mussten mangels Arbeitsplätzen auf der Insel zum Festland ziehen. Teilweise zog die Familie mit, teils wurden Wochenendehen geführt. Denn viele hatten hier ihr Zuhause gefunden und auch Häuser gebaut.

Die 64 Hektar große Immobilie einschließlich Hafen galt es fremdenverkehrsfreundlich zu verwerten und in eine zivile Nutzung zu überführen. Stadtväter und Stadtplaner berieten über die künftige Nutzung. Ein neuer Stadtteil – Borkum-Reede – sollte entstehen. Die Stadt Borkum hat die baurechtliche Planungshoheit und beplante das Gebiet mit Bebauungsplänen, um eine geordnete Entwicklung zu gewährleisten. Doch bevor es dazu kam, bestanden Befürchtungen der Borkumer Bevölkerung, dass bis zu 1.000 neue Ferienwohnungen durch einen Investor gebaut werden könnten, wenn der Bund das Gelände in einer öffentlichen Ausschreibung verkaufen würde.

Im April 1996 fand zu diesem Thema eine öffentliche Bürgerversammlung im Kurhaus statt, die auf eine enorme Resonanz stieß. Viele Bürger aber auch der Stadtrat befürchteten einen Verkauf der Liegenschaften an einen Höchstbietenden. Dies verhinderte aber die Planungshoheit und die Verhandlungen der Stadt Borkum mit den entsprechenden Politikern und Behörden.

Schließlich konnte die Stadt den Südteil günstig erwerben, und viele der Gebäude im Bereich des Stützpunktes wurden an Gewerbebetriebe verkauft. Freie Flächen wurden neu parzelliert und für eine Bebauung verkauft. Viele kleine Betriebe siedelten sich dort an.

Schwierig gestaltete sich die Nachnutzung der Gebäude des Seemannschaftslehrgruppe im Norden des neuen Ortsteils. Viele Vorschläge wurden verfolgt: Eine zweite Klinik für die Bundesversicherungsanstalt für Angestellte (BfA), eine Sportschule, Fachhochschulen, ein SOS Kinderdorf, ein Zoll- oder Bundesgrenzschutzstützpunkt, Forschungseinrichtungen für Meeresbiologie oder Energieforschung, ein Gesundheitszentrum, eine Golfübungsanlage und diverse Institute. Das Deutsche Jugendherbergswerk konnte zunächst mit dem Bundesvermögensamt eine Nutzung als Jugendherberge aushandeln. Der endgültige Verkauf ist bis heute daran gescheitert, dass die Zuständigkeit und die Kosten für den Deich- und Hochwasserschutz nicht geklärt sind.

Jahrzehntelang konnten Soldaten in den Gebäuden auf der Reede wohnen, ohne dass sich daran jemand störte. Heute werden große Gefahren bei einer Sturmflut für die wenigen Bewohner dort befürchtet. Den Grundstückseigentümern ist es deshalb verboten, im Erdgeschoss Wohnraum zu erstellen.

Mit dem Leitbild „Borkum 2030" der Stadt Borkum und der Nordseeheilbad Borkum GmbH sind wichtige Grundlagen für die zukünftige Entwicklung der Insel erarbeitet worden. Neben der touristischen Attraktivität soll vor allem auch die Lebensqualität für die Bewohner der Insel, aber vor allem für die Bewohner des Ortsteils Reede gestärkt werden. Das Hafenareal soll für die Bereiche Tourismus, Wohnen und Gewerbe zu einem attraktiven Ortsteil entwickelt werden. Zur Finanzierung sind Städtebaufördermittel des Bundes und des Landes aus dem Programm „Stadtumbau" eingeplant.

Lotsenboote im ehemaligen Marinehafen

Windparktender Windea Four

Ein Planungsbüro sowie Gutachter werden mögliche Entwicklungsperspektiven für den Ortsteil Reede begleiten. Am 4. November 2017 wurde in einer „Inselwerkstatt“ die Entwicklung des Hafenareals weiter konkretisiert. Alle Ziele und Maßnahmen fließen schließlich in ein integriertes städtebauliches Entwicklungskonzept, sowie in vorbereitende Untersuchungen ein, um 2018 einen Antrag zur Städtebauförderung beim Land Niedersachsen einreichen zu können.

Aufgrund seiner Lage direkt an der Außenems befindet sich der ehemalige Marinehafen direkt im Zentrum der Nordsee Offshore-Windenergie. In 45 bis 100 km Entfernung entstehen die größten Offshore-Windparks mit 1.300 Windenergieanlagen. Daher können sowohl Material als auch Personal schnell und kosteneffizient an Ort und Stelle transportiert werden.

In seiner Funktion als Versorgungshafen bietet der Hafen als logistisches Zentrum der Offshore-Industrie optimale Bedingungen. Auf einer Fläche von rund 13.700 m^2 können Lagerhallen, Serviceeinrichtungen und Unterkünfte für Personal gebaut werden.

Nach der Außerdienststellung des Lotsenstationsschiffes Kapitän Bleeker 2012 wurde das Lotsenkonzept in der Emsmündung geändert. Statt eines großen Lotsenstationsschiffes, sollten die Lotsen an einer Lotsenstation im Hafen auf ihre Einsätze warten und von Lotsenbooten zu den Einsätzen gefahren werden. In einem ehemaligen Marinegebäude wurde hierfür eine Lotsenstation eingerichtet. Im Marinehafen liegen nun die Lotsenboote Burkana, Frya, Fresena, sowie der Lotsentender Borkum rund um die Uhr einsatzbereit.

7. Jugendwehren auf Borkum

„Klar das Auge! Scharf der Blick! Immer vorwärts! Nie zurück!"

Auf so mancher historischen Postkarte oder auch in alten Borkumprospekten der Badeverwaltung, findet man Fotos von so genannten „Strandkompanien". Meist wurden Jungen oder Mädchen abgebildet, die um Neunzehnhundert am Strand vor dem Badepublikum marschierten.

Was hatte es mit diesen Einheiten auf sich?

Unter dem deutschen Kaiser Wilhelm II kam es zu einem starken Aufschwung im internationalen Seehandel. Unter anderem mussten die deutschen Kolonien mit Handelsschiffen versorgt und durch Marineschiffen geschützt werden. Hierfür war eine große Flotte an Handels- und Kriegsschiffen notwendig. Diese konnte geschaffen werden, da der seefahrtsbegeisterte Kaiser Reedereien und Werften stark subventionierte. Eine Folge hiervon war der gestiegende Wohlstand in Deutschland, der zu einer nationalen Begeisterung für Schiffahrt und Marine führte. Diese wurde von der Regierung gefördert und fand ihren Ausdruck in den Jugendwehren, die ein Bindeglied zwischen dem Militär und dem Volk darstellten.

1892: Das älteste Bild der Blauen Kompanie

Die Entstehung der Jugendkompanien

Viele Familien, die Ende des 19. Jahrhunderts mit ihren Kindern zum Erholungsurlaub nach Borkum kamen, blieben damals für mehrere Wochen. Die Jungen langweilten sich zumeist nach kurzer Zeit. Um sich zu beschäftigen, schlossen sie sich zu kleinen Trupps zusammen, die sich einen aus ihrer Mitte zum Führer wählten und dann in den Dünen Räuber und Gendarm spielten. Sie wollten sich von anderen Trupps unterscheiden und suchten nach einem Abzeichen. Sie trieben in einem kleinen Borkumer Laden blaues Band auf, das am linken Oberarm getragen wurde. Bald darauf kauften sie sich eine Fahne und zogen mit dieser am Strand entlang, um weitere Mitglieder zu werben. So entstand am 26.08.1888 die Blaue Kompanie. Gründer war der Kommerzienrat Peter Stollwerck. Die Kompaniewurde bald auch die Jungen in Führer, Unterführer und Jungmannen eingeteilt, um eine gewisse Ordnung zu erreichen. Im nächsten Jahr kamen die Jungen wie immer nach Borkum, um ihre Kompanie wieder zu eröffnen. Als die Gründer nicht mehr kamen, sprangen andere ein. Im ersten Jahrzehnt war sie nur eine Strandkompanie. Gönner war weiterhin Kommerzienrat Peter Stollwerk, der zum 10-jährigen Stiftungsfest 300 Exzerziergewehre, 300 blaue Hüte, eine Anzahl Degen, seidene Schärpen und eine neue Fahne sowie Geld stiftete.

Es dauerte nicht lange bis sich andere Kompanien bildeten. So wurde 1891 die Rote Kompanie und 1896 die Blau-weiße Kompanie gegründet, die später beide zur Blauen Kompanie übertraten.

Schwarz-weiß-rote Mädchenkompanie 1899 vor Villa Ines

Obere Strandstraße Marsch der Mädchenkompanie mit Kapelle

1893 übernahm Wilhelm Freiherr von Thermann die Blaue Kompanie. Unter ihm nahm die Einheit einen großen Aufschwung. Man feierte schon ein Stiftungsfest mit Vorbeimarsch und weiteren Festlichkeiten. Die Mannschaftszahl stieg von Jahr zu Jahr.

1898 versuchte von Thermann in der neuen Saison im Juli mit der Blauen Kompanie Fuß zu fassen. Dies gelang ihm über Erwarten gut. Er schloss sogleich mit den anderen Jugendkompanien (den Blaugelben, den Blau-gelb-roten und der in diesem Jahr durch Albert Gerlach aus Hannover neu gegründeten Gelben Kompanie) ein Bündnis, das zum Blau-gelben Bataillon führte. Dies war der erste Zusammenschluss von Borkumer Kompanien. In diesem Jahr war die Blaue Kompanie die ganze Saison hindurch geöffnet, was bis dahin noch keiner Kompanie geglückt war und bis 1907 keiner Kompanie mehr glücken sollte.

1897 taten sich die Borkumer mit einigen Gästen zusammen, die gleichfalls den Blauen feindlich gesinnt waren und gründeten Mitte 1897 unter Führung von Hans Lehmkuhl aus Bremen die Rot-weiße Kompanie (später umbenannt in Schwarz-weiße Kompanie). Sie war damals 60 Mann stark. Weitere Gründungsmitglieder waren Erich Laeiß, Herbert F. Laeiß, Fisser, Lamme, Hans Schütte und Ferdinand Schmidt.

Im Jahre 1899 waren die Führer vom Vorjahre nicht wiedergekommen und die Führung der Julikompanie lag in unfähigen Händen, da ein Teil der Führer zu jung war. So brach Ende Juli die Blaue Kompanie zusammen. Einige Blaue entschlossen sich jedoch zu einer neuen Kompanie unter Führung des blauen Hauptmanns Herbert F. Laeiß zusammen und gründeten die Grün-weiße Kompanie, die auch dem noch fortbestehenden Blau-gelben Bataillon angehörte. Doch bestand die Kompanie in ihrem Gründungsjahr nur 14 Tage, da die Juliferien bald zu Ende waren.

Blaue Kompagnie

18jähr. Stiftungsfest

Freitag, den 24. August 1906:

Allgemeiner Zapfenstreich: Aufstellung 8 1/2 Uhr, Hotel Bodeewes, durch folgende Strassen:

Norderstrasse, Grossestrasse, Neuestrasse, Damenpfad, Bahnhofstrasse, Strandstrasse, Kaiserstrasse bis zum Viktoriahotel.

Sonnabend, den 25. August 1906:

Parade: 9 Uhr am Damenstrand. Nachm. 3 Uhr:

Jugendspiele auf Upholm

Stiftungsfest 1906

Mitte der 1890er Jahre bestand eine arge Feindschaft zwischen Blauen und Insulanern, die häufig zu Prügeleien führten. Eines Tages im Jahr 1896 griffen einige Borkumer unter Führung von Heinrich Bodewes und Karl Schmidt die Blaue Kompanie an, als diese gerade über die Strandpromenade marschierte, verprü gelten sie und entrissen ihnen ihre Fahne.

1900 gründete sich das Blau-gelbe Bataillon aus der Gelben, Buren- und Grün-weißen Kompanie, das den Anfang des späteren Schwarz-weiß-grünen Regiments bildete. Dem Bataillon trat 1901 die Weiß-rote Kompanie bei. Die Bataillonsfarben änderten sich dadurch in blau-weiß-gelb.

1901 gab es eine Schwarz-gelbe Kompanie, die sich aber nicht halten konnte. Führer war Karl Wenig, der mit seiner Mannschaft dann zu den Grün-weißen übertrat.

1900 entstanden bei den Grünweißen schwere Meutereien, die die Kompanie sehr schädigten. Der Blau-gelben Kompanie, die ihre Farben in Blau-weiß umänderte, trat die neu gegründete Burenkompanie bei. Zwischen den Kompanien kam es 1902 zu großen Streitigkeiten. Die Grün-weiße Kompanie wurde schon nach kurzer Zeit wieder geschlossen. Die Gelbe trat aus dem Bataillon aus, eine neu gegründete Schwarz-weiß-rote Kompanie wurde in einer wilden Schlacht an der großen Bake von der Burenkompanie vollständig aufgerieben und ihr gesamtes Material wie Gewehre vernichtet.

Das Bataillon änderte mehrmals seine Farben. Die Gelben wurden hinausgeworfen und gründeten mit den Blau-gelb-roten Mädchen das Schwarz-weiß-gelbe Bataillon. Als ihr Gründer Laeiß fort blieb, brach die Grün-weiße Kompanie zusammen. 1903 schlossen sich das Schwarz-weiß-gelbe und das Blau-weiß-gelbe Bataillon zum Schwarz-weiß-grün Regiment zusammen, das bis 1924 bestand.

Als die Rot-weiße Kompanie 1904 eröffnet wurde, stellte sich heraus, dass von den Offizieren nur ein einziger vorhanden war und das die Kompanie unter diesen Umständen nicht bestehen konnte. Daher trat die gesamte Restkompanie in die Burenkompanie über.

Die Blauen beim Sturm (1909)

Als sich bei einem Regimentsfest am 20. Juni die Kompanien auflösten, eröffnete Bodewes seine übergetretene Rot-weiße Kompanie erneut und hatte großen Erfolg. Bereits am zweiten Tag hatte sie 75 Mitglieder.

1905 eröffnete Wolff Freiherr von Lynka die Rot-weiße Kompanie. Schon in den ersten Tagen kam es zu Streitigkeiten mit den Schwarz-weiß-grünen, die damals unter dem Kommando von Herrn Offenberg standen. Diese hatten im Juli 1905 ihre Kadettenkompanie gegründet, der sie ohne Rücksicht auf das Bestehen der Rot-weißen Kompanie die Farben Rot-weiß gaben. Auch beanspruchten sie das Recht, diese Farben alleine zu führen. Die Schwarz-weiß-grünen belästigten die Rot-weißen sogar außerhalb des Dienstes und rissen einigen Mitgliedern ihre Bänder herunter. Da beschloss das Offizierskorps der Rot-weißen ihre Kompanie unter neuer Fahne zu errichten. So kam es, dass 1905 aus der Rot-weißen die Schwarz-weiße Kompanie entstand.

Im August beherrschte die Blaue Kompanie nach wie vor das Bild. Unter ihren Führern von Thermann, Theegarten, Heintzmann und Stollwerck blühte sie auf. Erst 1905 unter Wüstenhöfer trat ein Umschwung ein, u. a. weil finanzielle Schwierigkeiten entstanden. 1906 verschlimmerte sich die Lage bedeutend, doch konnte der Betrieb noch aufrechterhalten werden. Während bis zu diesem Zeitpunkt die Blauen die einzige Augustkompanie gewesen waren, erschien in diesem Jahr wieder Herbert F. Laeiß, um seine Grün-weiße Kompanie auch im August zu eröffnen.

Da dem Gründer der Grün-weiße Kompanie, Herbert F. Laeiß, bedeutende Gelder zur Verfügung standen, man nannte ihn den „Vierzigmillionen-Hauptmann". Es gelang ihm bald eine starke Kompanie zu eröffnen, die den in Geldknappheit befindlichen Blauen starke Konkurrenz machte. So besagte ihr Werbeplakat: „Eintritt 50 Pfg., wer bis zum Schluss bleibt, erhält sie zurück."

Laeiß schlug nun den Blauen vor, mit seinen Grün-weißen ein Bündnis einzugehen. Nach langen Verhandlungen im Winter 1906/07 kam im Juni 1907 ein

Bündnis zustande, das durch den Beitritt der Schwarz-weißen und der Roten Kompanie von der Insel Juist erweitert wurde. So entstand das Schwarz-weiß-rote (nach den Reichsfarben benannte) Regiment im Jahre 1907, zu deren Oberst Laeiß gewählt wurde.

Im Juli 1907 versuchte Grün-weiß nun ebenfalls Fuß zu fassen, was den Widerstand der Schwarz-weiß-grünen hervorrief. Nebenher gründete Laeiß die Schwarz-weiß-blaue Mädchenkompanie, welches bei den Schwarz-weißen große Entrüstung hervorrief, da ihre Kompanie geschädigt wurde. Trotz dieser Widerstände brachte es Laeiß im Juli auf 117 Mann und im August auf fast ebenso viele, während Blau in diesem Jahr unter Führung von Friedrich L. v. Renvers 110 Mann stark war.

Am 15.02.1908 schlossen der Kommandeur des Schwarz-weiß-grünen Regiments, General Offenberg, und der des Schwarz-weiß-roten Regiments, Oberst und Kommandeur Herbert F. Laeiß, einen Brigadevertrag zur Gründung einer Schwarz-weiß-roten Brigade, in dem die Anzahl der Mannschaften und Kompanien geregelt wurde, da einige Kompanien zu wenig Mitglieder fanden. In Hannover gab es dazu eine Offiziersversammlung. Da dieser Vertrag verschiedentlich gebrochen wurde, kündigte das Schwarz-weiß-grüne Regiment den Vertrag am 28.07.1908.

Das Kompaniehaus hinter Hotel Strandvilla Hawich

Um die Tätigkeiten der Kompanien bekannter zu machen, wurden 1908 10.000 Schriften mit dem Titel „Die militärischen Jugendspiele in den Nordseebädern“ mit dem Borkumprospekt der Badedirektion verschickt. Auch in den Prospekten der Badedirektion wurde auf die Jugendwehren hingewiesen. Viel Werbung wurde außerdem durch eine Vielzahl von Postkarten, die die Kompanien abbildeten, gemacht.

Trotz aller Streitigkeiten wuchsen die Kompanien von Jahr zu Jahr. So hatte Grün-weiß 1908 im Juli und August 333 Mann unter seinen Fahnen. Als höchste Mannschaftsstärke erreichte die Kompanie im Juli 140 Mann und im August 130 Mann.

Die Blaue Kompanie zeigte im Laufe der Jahre folgende Mannschaftsstärken:

Jahr	Stärke	Führer
1906	95	Weyermann
1907	110	von Renvers
1908	126	de Vivie
1909	118	Devens
1910	144	Devens
1911	179	Devens
1912	138	Liesenhoff
1913	183	Liesenhoff

Neben den Blauen hatte Grün-weiß im August durchschnittlich 120-130 Mann. Auch hatten Blau und Grün-weiß je eine Mädchen- und eine Kadettenkompanie, die rund je 150 Mitglieder hatten.

Außerdem bestanden im Juli noch Schwarz-weiß-grün mit rund 350, Schwarz-weiß mit 100 und Grün-weiß mit 150 Mann. So waren in den Jahren 1909 bis 1913 jährlich über 1.000 Mitglieder in den Regimentern auf Borkum.

Mit Vertrag vom 27.01.1910 wurde der „Verband deutscher Jugendwehren“ gegründet. Unterzeichner waren der Kommandierende General und Oberpräsident der Blau-weiß-blauen Union, Otto Blanck, Genf – Schweiz, der Oberst und Kommandeur des Schwarz-weiß-grünen Regiments, Karl-E. Bruns, Hildesheim, und Oberst und Kommandeur des Schwarz-weiß-roten Regiments Borkum-Juist, Willy Schieß jun., Barmen. Ein Dienstgrad, der in einer der Einheiten erlangt wurde, konnte auch in einer anderen „Garnison“ verwendet werden.

Generalmajor a.D. Boehm schreitet die Front ab (1910)

Es war das Bestreben des Verbandes, alle deutschen Jugendwehren zu vereinigen.

Im Sommer 1910 kam es zu Übergriffen von Schwarz-weiß-grünen auf Grün-weiße. Grün-weiße Kameraden wurden auf dem Bahnhof überfallen und ihnen wurden ihre Plakate entrissen. Die Überfallenen konnten sich nur durch Flucht einer Prügelei entziehen.

Auch die Einigkeit innerhalb des Schwarz-weiß-roten Regiments ließ zu wünschen übrig. 1910 traten Schwarz-weiß und Grün-weiß aus dem Regiment aus und gründeten unter Führung von Arthur Ruß das Regiment „Ostfriesland“. Im selben Jahre trat die im Juli 1909 gegründete Weiße Kompanie dem Regiment Schwarz-weiß-rot bei.

Das Leben in den Kompanien

Die Kompanien bestanden für die Dauer einer Saison (Ferienzeit). Die Eröffnung erfolgte durch Anschlag und wurde durch den Ausrufer der Badekommission veröffentlicht.

„Gekämpft“ wurde unter den Mottos: „Klar das Auge! Scharf der Blick! Immer vorwärts! Nie zurück!“ und „Es ist fürs Vaterland, während wir zu spielen scheinen!“.

Täglich außer sonntags wurde je nach der Badezeit vor dem Geschäftszimmer, wo auch Neuanmeldungen erfolgen konnten, angetreten. Die Fahnen der Kompanien wurden unter Präsentieren der Mannschaft in die Front gebracht, welche

23-jähriges Stiftungsfest: Parademarsch in Zügen

die Stabsoffiziere abschritten. Dann marschierte das Regiment, begleitet vom Publikum, zum Strand oder in die Dünen und hielt dort eine Übung ab, die aus Paradedrill oder einer Felddienstübung bestand. Die Verständigung über eine weite Entfernung erfolgte durch eine Winkerflaggenabteilung. Die Jungen erhielten ungefährliche Gewehre, während die Mädchen Strandschaufeln führten.

Den Höhepunkt aller Veranstaltungen bildete das gegen Ende der dritten Juliwoche stattfindende dreitägige Regimentsfest. Dieses bestand aus einem großen Burgenbau, bei dem jede Kompanie eine Sandburg gegen die Flut zu verteidigen hatte, dem Parademarsch in Begleitung des Musikkorps des Oldenburgischen Infanterieregiments aus der Artillerie-Kaserne, einem Hauptmanöver in den Dünen und dem eigentlichen Fest, verbunden mit Wettspielen aller Art, Fackelzug und Ball.

Es gab Schiedsrichter im Manöver und es wurde exerziert. Beim Exerzieren wurde die Kompanie in drei Züge eingeteilt. Für Verwaltungszwecke gab es die Einteilung in vier Korporalschaften. Eine fünfte bildete das Tambourcorps.

Am Sedanfest wurde ein Fackelzug abgehalten. Später wurde der Fackelzug mit dem Stiftungsfest verbunden.

Nach den Festlichkeiten gab es eine Manöverperiode. Den Schluss bildete ein großer Burgenbau am Strand. Gemeinsam mit den nationalen Vereinen Borkums sollte für die Erhaltung des Borkumliedes Sorge getragen werden.

Die „Grün-weißen Nachrichten“ berichteten in ihrer Ausgabe vom 09.07.1912, dass nach der Einfahrt des Zuges die ankommenden Kurgäste von zahlreichen Schwarz-weiß-grünen derart mit Anwerbungen belästigt wurden, dass die Polizei einschreiten und die Ansammlung zerstreuen musste.

In der Von-Frese-Straße errichteten die Schwarz-weiß-grünen 1912 ein Regimentshaus. Es stand neben dem Kanonenschuppen (heute ehemaliges Feuerwehrgerätehaus).

Exerziert wurde damals noch nicht viel. Meistens wurde zum Strand marschiert, um neben dem Herrenstrand Burgen zu bauen. Die Burgen waren z. T. so groß, dass sie ein Viertel des Zwischenraumes zweier Buhnen einnahmen, waren stark mit Buschwerk, Pfählen und Steinen befestigt und hielten eine ganze Woche der Flut stand. Eine Flagge wurde aus einer alten Schwarz-weiß-roten Flagge des Nordseehotels hergestellt, von der der schwarze Streifen abgeschnitten wurde. Es war eine riesige Fahne, die immer von drei Mann getragen werden musste. Eine Parade oder ein Kompaniefest gab es damals noch nicht.

Aufmarsch am Bahnhof

Plakat der Blauen Kompanie von 1911

Die Blaue Kompanie ist ein Freiwilligenkorps der während der rheinischen Sommerferien in Borkum aufhaltenden deutschen Jugend. Sie will Vaterlandsliebe, Nationalstolz und Interesse für das Militärwesen in der Jugend wecken und fördern helfen.

Sie will die Söhne der Badegäste vor Verweichlichung und Beschäftigungslosigkeit im Seebade bewahren, den Neueintretenden in einen Kreis gleichaltriger und gleichgesinnter Kameraden bringen und so die Kameradschaftlichkeit der deutschen Jugend pflegen. Das Eintrittsgeld beträgt 50 Pfennig. Mindestalter zwölf Jahre. Jeder Angemeldete muss sich sofort einen Hut und ein Band kaufen. Gewehre stellt die Kompanie. Knaben von sechs bis elf Jahren finden Aufnahme in der hellblauen Seekadettenkompanie, die sich mit dem Bau von Schiffen und Burgen am Strand beschäftigt.

Vorbeimarsch vor der Hotelfront

Die blaue Kompanie lehnte es durch Kompaniebeschluss ab, in der Judenfrage Stellung zu nehmen, da es ihren Grundsätzen, sich in keine Politik einzumischen, nicht entsprechen würde.

Laut Vertrag zwischen der Grün-weißen und der Schwarz-weißen Kompanie vom 1. Juli 1908 wurden Leute jüdischer Abstammung von der Aufnahme in die Kompanie ausgeschlossen. Anderen Kompanien stand es frei, diesem Vertrag beizutreten.

Der Parademarsch der Blauen am Damenstrand erfreute sich damals einer gewissen Berühmtheit. Die Blaue Kompanie war die einzige, die in dieser Beziehung Nennenswertes leistete. Keine andere Kompanie konnte annähernd so gute Leistungen im Exerzieren aufweisen. Dies bot ein besonders reizvolles Bild, dem alljährlich tausende von Badegästen zuschauten.

Manöverbericht 1907

Großes Ostlandmanöver am 29. August

- Oberleutnant Kayser gegen Oberst Laeiß.
- Schiedsrichter: Landesrat Adams, Nikolaus Barban.
- Mannschaftsstärke: Grünweiß 38, Blau 64.
- Kriegslage: Die Grün-weißen hatten das Ostland gegen die Blauen zu verteidigen. Dabei war angenommen, dass die Grün-weißen eben erst im Ostlande eingetroffen waren, sodass sie die Dünenkette zwischen Ostland und Jägerheim noch nicht besetzen konnten.

Verlauf: Der Oberst ließ seine Truppen in fünf verschiedenen Abteilungen auf ganz verschiedenen Wegen gegen das Ostland vorgehen.

Oberleutnant Kayser hatte am trigonometrischen Punkt Aufstellung genommen. Dorthin kam alsbald eine feindliche Abteilung unter Oberleutnant de Vivie, die auf der Straße vom Jägerheim her heranrückte und anfangs die Grün-weißen dadurch täuschte, dass sie keine blauen Fahnen mitgenommen hatte.

Oberleutnant de Vivie unternahm einen Sturm gegen die Grün-weiße Aufstellung, der nur teilweise glückte. Er verlor die Hälfte seiner Leute, gegen den Rest dieser Abteilung führten die Grün-weißen noch längere Zeit ein Gefecht in den Dünen westlich vom Ostland, das aber beiderseits ergebnislos blieb.

Gefechtsübung in den Dünen

Rast bei einer Felddienstübung

Geländeübung

Inzwischen war Hauptmann Renvers mit einer Abteilung zunächst vom Jägerheim aus dem Oberleutnant de Vivie gefolgt, hatte sich dann aber hart am Strande gehalten und war dort unter dem Schutze der Dünen unbemerkt vorgerückt bis an die Grenze der Vogelkolonie, die als neutrales Gebiet galt. Dann wandte er sich nach Süden und drang durch die Dünen an der Westgrenze der Vogelkolonie entlang auf das Ostland vor. Um 6 Uhr stieg er von den Dünen nördlich des Ostlandes herab und setzte sich am Wege Ostland-Vogelkolonie fest. Gegen ihn wandte sich Oberleutnant Kayser und führte am Wege Ostland-Vogelkolonie ein längeres Gefecht, während er dem Leutnant Bretthal die Beobachtung der Abteilung de Vivies überließ.

Leutnant Neuerburg hatte sich mit einer Gruppe beim Schlachthaus auf einen gemieteten Wagen gesetzt, mit dem er über die Außenweide fuhr. Seine Leute versteckte er im Wagen. Zwei Mädels, die dem Manöver als Zuschauer beiwohnen wollten, setzte er auf den Kutschbock. In den Ostland-Süddünen angekommen, ließ er den Wagen halten, benutzte einen vorübergehenden Kohlenwagen als Sichtdeckung und ließ seine Leute absteigen. Den Wagen schickte er leer Richtung Ostland. Da er das Ostland besetzt glaubte und sich zu schwach fühlte, um es einzunehmen, versteckte er sich mit seiner Truppe in den Ostland-Süddünen und wartete den Verlauf der Dinge ab.

Leutnant Devens mit der ersten Gruppe marschierte über Viktoriahöhe mehrmals unten am Strand entlang, bis fast ans andere Ende der Insel. Bei der Ostbake

Stellung der Blauen

drang er durch die Dünen Richtung Außenweide vor, marschierte hinterm Ostlanddeich weiter und erreichte auf diesem Wege nach langem, anstrengendem Marsch die Ostland-Süddünen, wo er sich mit Leutnant Neuerburg vereinigte.

Oberst Laeiß war, nachdem er alle Anordnungen getroffen hatte, mit einer Abteilung per Bahn zur Reede gefahren, marschierte dann über den Oststrand, überschritt mit einem Boote das Hopp, wobei viel Zeit verloren ging und erreichte nach beschwerlichem Marsch über die sumpfige Außenweide den Ostlanddeich. Von hier aus schickte er seine Leute nach den Ostland-Süddünen, er selbst traf dort erst nach Schluss des Manövers ein.

Leutnant Devens sammelte nun alle in den Ostland-Süddünen vereinigten Truppen – mehr als 30 Mann – drang damit um 6 Uhr 20 Min. in das Ostland ein und fiel den Grün-weißen in den Rücken. Damit war das Manöver zugunsten der Blauen entschieden.

Das Schwarz-weiß-grüne Regiment zog 1910 regelmäßig zum Badestrand aus um zwei bis drei Stunden zu Exerzieren. Allein bei diesem Regiment traten täglich durchschnittlich 350 -375 Mann an. Bei dem am 15. Juli stattfindenden Regimentsfest beim Upholm waren 456 Mann angetreten.

Lange Jahre hindurch bestanden vor Gründung der Rot-weißen Kompanie Streitigkeiten zwischen den Insulanern und denen einer Kompanie angehörenden

Das Regimentshaus der Grün-weißen: Einweihung 1912 neben dem Kanonenschuppen

Aufmarsch am Nordstrand

Badegästen. Die Feindseligkeiten wurden hauptsächlich durch den Ausschluss der Insulaner bedingt. Es war keine Seltenheit, dass Insulaner mit eroberter Fahne über den Strand zogen, um so ihrer Siegesfreude Ausdruck zu geben.

Am 03. Januar 1911 gründete sich der „Verein Borkumer Jugendwehrfreunde". Vereinszweck war, dass deutsche Jugendwehrregiment Ostfriesland in Borkum mit Rat und Tat zu unterstützen.

Auch gab es den „Verband ehemaliger Grün-weißer", der 1908 gegründet wurde.

Auf Borkum gab es 1911 folgende Jugendwehrregimenter:

1. Das Schwarz-weiß-grüne (gegründet 1903),
2. das Schwarz-weiß-rote, benannt nach den Farben der Bundesflagge- (gegründet 1907) und
3. das Jugendwehrregiment Ostfriesland (gegründet 1909)

Das Schwarz-weiß-grüne Regiment war vollkommen militärisch organisiert. Es setzt sich aus folgenden Kompanien zusammen:

- Gelbe Kompanie (gegründet 1898)
- Blau-gelb-rote Mädchenkompanie (gegründet 1900)
- Burenkompanie (gegründet 1900)
- Blau-weiß-rote Mädchenkompanie (gegründet 1902)
- Rot-weiße Knaben-Kadettenkompanie (gegründet 1905)
- Rot-weiße Mädchen-Kadettenkompanie (gegründet 1905)

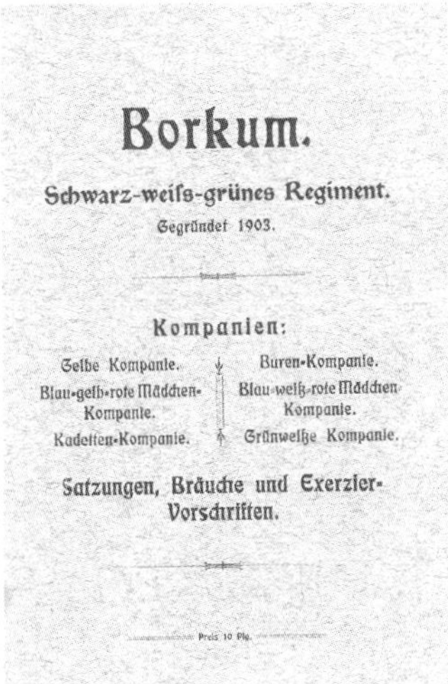

Borkum.

Schwarz-weiſs-grünes Regiment.

Gegründet 1903.

Kompanien:

Gelbe Kompanie.	Buren-Kompanie.
Blau-gelb-rote Mädchen-Kompanie.	Blau-weiß-rote Mädchen-Kompanie.
Kadetten-Kompanie.	Grünweiße Kompanie.

Satzungen, Bräuche und Exerzier-Vorschriften.

Preis 10 Pfg.

Wichtiges Heft für jeden Kompanisten: Satzungen, Gebräuche und Exerziervorschriften

In die Kadettenkompanien wurden Kinder im Alter zwischen sechs und neun Jahren aufgenommen.

Die beiden erst erwähnten Kompanien bildetenn das Gelbe, die anderen das Burenbataillon. An der Spitze des Regiments stand ein Oberst, ihm zur Seite ein Oberstleutnant. Die Bataillone wurden durch je einen Major, die Kompanien durch je einen Hauptmann geführt. In dieser Weise setzte sich die Abstufung fort bis zum „Gemeinen“. Jeder Rang und jede Kompanie war durch verschiedene Bänder und Abzeichen gekennzeichnet. Die Führung und innere Organisation erfolgte nach den vom Regiment erlassenen Satzungen.

1912 wurde das Deutsche Jugendwehrkorps einstweilen dem Jugendwehrregiment Ostfriesland unterstellt, da es nicht in der Lage war, selbstständig seine Geschäfte zu leiten, nachdem Major Hornschuch und sein Vertreter, Hauptmann Klütsch ihre Ämter nieder gelegt hatten. Jede Kompanie des Deutschen Jugendwehrkorps war verpflichtet, Satzungen nach dem Muster der Grün-weißen Kompanie zu erlassen.

Burgenbau am Strand

Postkarte der Blauen Kompanie 1889 mit dem Kompanielied

Hauptmann Karl Göhmann schrieb über die Schwierigkeiten und Streitereien mit dem Schwarz-weiß-grünen Regiment: Die Schwarz-weiß-grünen warben öffentlich damit, dass sie finanziell unabhängig seien. Die Unabhängigkeit ergab sich aus dem Verkauf von Kompanieschleifen, und anderen öffentlichen Sammlungen. Es wurde beklagt, dass man sich im Sommer als Gast nicht an den Strand legen könne, ohne von Knaben und Mädchen der Kompanie belästigt zu werden. Da wurden 10 Pfennig für ein Konzertprogramm, 2 Mark für eine Burenmädchenschleife, 5 Pfennige für eine Fahne, welche auf dem Kompaniehaus aufgesteckt wurde, und eine Mark für eine Konzert-Eintrittskarte verlangt. Über diese Bettelei war schon öfters geklagt worden. Leider hat das Badepublikum nicht so genau zwischen den beiden Regimentern unterschieden, und so kam es, dass dieser Missstand auch immer ein schlechtes Licht auf das eigene Regiment warf.

Herbert F. Laeiß wurde 1913 zum Badedirektor von Borkum gewählt, was sich sehr positiv für die Kompanien auswirkte. So stellte er den Kompanien wechselnd jeden Tag die Kurkapelle kostenlos für ihre Aufmärsche zur Verfügung.

Auch das äußerliche Erscheinungsbild der Borkumer Jugendwehren wurde mit jedem Jahr feudaler. Waren es anfangs nur Armbänder, kamen später einheitliche Hüte dazu. Während bei den Blauen und Roten nur die Führer gleichmäßige dunkelblaue Röcke trugen, führten Schwarz-weiß und Grün-weiß – die am meisten Geld hatten – für die ganze Kompanie weiße Röcke mit schwarzen bzw. grünen Aufschlägen ein. Jede Kompanie hatte ihre Ehrenzeichen 1. und 2.

Die Mädchenkompanie mit Spaten

Klasse, Großkreuze u. ä. Es war in Borkum ein bekanntes Bild, die Führer von Schwarz-weiß und Grün-weiß in ihren weißen Röcken, die Heldenbrust voll Ehrenzeichen auf den Rossen des Reitstalls durch die Straßen reitend.

Man stritt auch gern über die Bezeichnung der Dienstgrade. Jedes Regiment hatte ihre eigene. So gab es bei Schwarz-weiß-grün Unterführer 1. und 2. Klasse. Dienststufen wie Oberwehrknappe, Tressenjunker, Oberweibel oder Hauptleutnant wurden vorgeschlagen.

Jugendwehren auf anderen Inseln und dem Festland

Auch auf anderen ostfriesischen Inseln waren Jugendwehren aktiv. Nachdem jemand begeistert von seinen Erlebnissen in der Blauen Kompanie Borkum berichtete, wurde 1904 auf Juist die Rot-weiße Kompanie gegründet. Nebenher bestand eine Mädchenkompanie mit dem Namen „Juister Amazonengarde".

Die Norderneyer Blau-weiß-blaue Union war nicht mit Gewehren sondern Speeren, die an beiden Enden wegen der Verletzungsgefahr mit Polstern versehen waren, ausgerüstet. Die Stärke der Union entsprach etwa der Stärke des Borkumer Schwarz-weiß-roten Regiments.

Scheinbar gab es im ganzen Deutschen Reich um 1908 sonst keine vergleichbaren Jugendwehren. Ähnliche Verbände waren nur in Nordbayern vorhanden.

Herbert F. Laeiß war Ehrenoffizier mit Hauptmannsrang der Nordbayerischen Jugendwehr und gleichzeitig deren Vertreter auf Borkum.

Um das Band der Kameradschaft fester zu knüpfen, entstanden auf dem Festland Ortsgruppen ehemaliger Angehöriger der Kompanien. So gründeten sich 1909 in Leipzig die ehemaligen Grün-weißen, 1910 die Blauen Münsteraner und die ehemaligen Blauen in Köln. 1910 gründete sich eine grün-weiße Ortsgruppe in Hannover und Berlin. Am 1. August 1911 erhielt Willy Hornschuch das Oberkommando über sämtliche auf dem Festland gegründeten Kompanien des deutschen Jugendwehrregiments Ostfriesland.

Über Jugendwehren in den Ostseebädern ist nicht viel bekannt. Die Blau-weiß-blaue Union wurde 1897 von Rittmeister a.D. Leopold von Münchow im Ostseebad Swinemünde gegründet – also erst neun Jahre nach Gründung der Blauen Kompanie auf Borkum. Vermutlich ist die Gründung auf Kenntnisse der Borkumer Jugendwehren zurückzuführen. Von hier aus erfolgten wiederum Gründungen in Stettin, Kattowitz, Neiße, Stolpmünde, Duisburg und Norderney. In Albeck, Heringsdorf und Swinemünde hatten sich nach dem Muster der Borkumer Jugendwehren sogenannte Knabenstrandkompanien gegründet.

Der Borkumer Grün-weiße Offizier Willy Hornschuch wurde in England zum Instruktor und Ehrenmitglied des „Castleton 2od troops of B.-P. (Baden-Powells) Boy-Scouts" ernannt. Die Engländer bestellten 5.000 Gewehre aus einer deutschen Fabrik, von dem auf Borkum eingeführten Muster.

1. Kriegsnummer.

Deutsche Jugendwehr-Zeitung

Amts- und Nachrichtenblatt
der Deutschen Jugendwehren für Schüler höherer Lehranstalten.

Bezugspreis für den Jahrgang 5 Mark. Die Einzelnummer 25 Pfg. Alte Jahrgänge 2 Mark. Probenummern kostenlos.

Eigentum der
Jugendwehr „Schwarzweißrotes Regiment" gegründet 1907,
Mitglied des Jungdeutschlandbundes, des Kartells und des Verbandes Deutscher Jugendwehren.

1. Kriegs=nummer	Der Nachdruck sämtlicher Artikel ist nur mit Genehmigung der Redaktion gestattet. Verantwortlicher Redakteur: Hellmuth Platzhoff, Elberfeld, Sophienstr. 4. Geschäftsstelle: Elberfeld, Sophienstr. 4. • Druck: Wilh. Wandt, Barmen. Redaktionsschluß für die nächste Anfang Febr. erscheinende 2. Kriegsnummer: 15. Jan. 1915.	Weihnachten 1914

Inhalt: An das Deutsche Volk. — Reginas weite Reise. (Devens.) — Eine Pfingstferientour. (Arends.) — Blücher in Boulogne. — Geschäftsstelle der Zeitung. — Mitteilungen der Deutschen Jugendwehr Schwarzweißrotes Regiment: Dienstnachrichten. — Leben und Streben.

An das Deutsche Volk.

Seit der Reichsgründung ist es durch 43 Jahre Mein und Meiner Vorfahren heißes Bemühen gewesen, der Welt den Frieden zu erhalten und im Frieden unsere kraftvolle Entwickelung zu fördern. Aber die Gegner neiden uns den Erfolg unserer Arbeit.

Alle offenkundige und heimliche Feindschaft von Ost und West, von jenseits der See haben wir bisher ertragen im Bewußtsein unserer Verantwortung und Kraft. Nun aber will man uns demütigen. Man verlangt, daß wir mit verschränkten Armen zusehen, wie unsere Feinde sich zu tückischem Ueberfall rüsten, man will nicht dulden, daß wir in entschlossener Treue zu unserm Bundesgenossen stehen, der um sein Ansehen als Großmacht kämpft und mit dessen Erniedrigung auch unsere Macht und Ehre verloren ist.

So muß denn das Schwert entscheiden. Mitten im Frieden überfällt uns der Feind. Darum auf! zu den Waffen! Jedes Schwanken, jedes Zögern wäre Verrat am Vaterlande.

Um Sein oder Nichtsein unseres Reiches handelt es sich, das unsere Väter neu sich gründeten. Um Sein oder Nichtsein deutscher Macht und deutschen Wesens.

Wir werden uns wehren bis zum letzten Hauch von Mann und Roß. Und wir werden diesen Kampf bestehen auch gegen eine Welt von Feinden. Noch nie ward Deutschland überwunden, wenn es einig war.

Vorwärts mit Gott, der mit uns sein wird, wie er mit den Vätern war.

Berlin, den 6. August 1914.

Wilhelm.

29

Das Amts- und Nachrichtenblatt 1914

Zeitungen

Um alle Kameraden und Ehemaligen mit Nachrichten von den Inseln zu versorgen, wurden diverse Zeitungen herausgegeben. So gab es von den Schwarz-weiß-roten die „Deutsche Jugendwehr Zeitung". Dies war das Amtsblatt des Regiments mit Dienstnachrichten der einzelnen Einheiten, Nachrichten aus Borkum und einem Anzeigenteil von Borkumer und Juister Betrieben.

Die erste Auflage betrug 200 Zeitungen und wurde an Abonnenten verschickt um auch nach der Ferienzeit mit den Seebädern in Verbindung zu bleiben.

Von den Schwarz-weiß-grünen wurde „Die Jugendwehr" und von „Ostfriesland" „Die Deutsche Jugendwehrrundschau" herausgegeben. Die reichste Kompanie, die Grün-weißen, besaßen die „Grün-weißen Nachrichten – Amtsblatt des Verbandes ehemaliger Grün-weißer und der Grün-weißen Kompanie Borkum", die 1912 eine Auflage von 250 Stück hatte und zweimal im Monat erschien.

Der 1. Weltkrieg

Als 1914 der Kommandant von Borkum am 31.07.1914 wegen drohender Kriegsgefahr den Befehl erließ, dass alle Badegäste binnen 24 Stunden die Insel

Gefallenenehrung durch Führer und Unterführer

zu räumen hätten, eilte Deutschlands waffenfähige Jugend – darunter auch Hunderte von Mitgliedern der Borkumer Strandkompanien – zu den Fahnen. Doch viele kamen nicht wieder. Bekanntester, der auf dem „Felde der Ehre" blieb, war der Gründer der Grün-weißen, Borkums Badedirektor Herbert F. Laeiß. Nach dem Zusammenbruch 1918 glaubte man daher auch nicht an ein Weiterbestehen der Jugendwehren.

Neubeginn

Probleme bei der Planung für die erste Nachkriegssaison machte der Versailler Vertrag. Nach Artikel 177 durften Erziehungsanstalten, Universitäten, Kriegervereine, Schützen-, Sport- und Wandervereine und überhaupt Vereinigungen jeglicher Art, egal wie alt ihre Mitglieder waren, sich mit keinerlei militärischen Dingen beschäftigen.

Zu Beginn des Jahres 1919 sah es für die Kompanien trostlos aus. Mehr als die Hälfte der Führer war gefallen. Die Festlandskompanien waren verschwunden. Der Aufenthaltsort vieler Mitglieder war unbekannt, sodass keine Verbindung hergestellt werden konnte. Trotz all dieser Missstände gingen verschiedene Führer mit Eifer an die Arbeit, das Zusammengebrochene in neuer Form wieder aufzurichten. Groß war die Freude als Borkum 1919 für Badegäste wieder freigegeben wurde. Am 6. Juli 1919 trafen sich Vertreter der auf Borkum befindlichen Kompanien in Hannover. Sie beschlossen die Regimenter in diesem Jahr unter dem Namen „Borkumer Jugendwehr" zu vereinigen. Es sollte ferner eine Zeitung mit dem Namen „Borkumer Jugendwehrzeitung" herausgegeben werden. Auf Borkum selbst sah es nicht ermutigend aus, sodass im Juli 1919 noch keine Einheit zustande kam. Die Kompaniehäuser waren ausgeplündert. Uniformen, Fahnen und Ausrüstungsgegenstände fehlten. Die alten Kameraden, insbesondere die Offiziere, waren gefallen, nicht mehr aktiv oder nicht wieder nach Borkum gekommen.

Doch Anfang August 1919 gelang es, Schwarz-weiß-grün und Grün-weiß wieder zu eröffnen. Bereits am zweiten Tag hatte Grün-weiß eine Stärke von 96 Mann. Neuer Führer war Willy Demuth. Am 11. August hatten die Schwarz-weiß-grünen 81 Mann und die Blau-weiß-rote Mädchenkompanie 42 Mitglieder. Anstelle der Uniformen wurden Bänder in den alten Farben getragen. Ein Ausrücken mit Gewehren fand nicht mehr statt.

Der Bund Deutscher Jungmannen 1921, Blaue und Grün-weiße Abteilung

Der Bund Deutscher Jungmannen

Im Winter 1919/20 wurde nach längeren Verhandlungen in Hannover der Bund Deutscher Jungmannen als Nachfolger der bisherigen Regimenter gegründet. Als Vorsitzender wurde der Vorsitzende von Schwarz-weiß-Rot, Hellmuth Platzhoff, gewählt. Dieser Bundesverband sollte alle Einheiten von Borkum, Juist und dem Festland unter eine einheitliche Führung und Organisation mit einer verantwortlichen Stelle vereinigen.

1920 konnte die Saison in alter Weise eröffnet werden. Auch ging man bald wieder daran, Festlandkompanien zu gründen. Die Bundesführung organisierte jedes Jahr eine Fahrt mit Jungmannen in ein Ferienlager nach Borkum. Diese Mitglieder bildeten auf Borkum dann die Ferienabteilung.

1929 befanden sich die Einheiten auf einem zahlenmäßig sehr niedrigen Niveau. Es wurde bedauert, dass die deutsche Jugend alles ablehnte, was mit einer freiwilligen Unterordnung und Selbstdisziplin zu tun hatte. Man wollte seine Freizeit lieber nach eigenem Willen einteilen.

Schon vor der Saison 1933 gab es erste Anzeichen für eine Gleichschaltung der deutschen Jugend bei den Jungmann-Abteilungen. Man fürchtete ein Verbot, obwohl viele der führenden Personen im BDJ NSDAP-Mitglieder waren. Die Hitler-Jugend, Unterbann Emden, versuchte sich die Borkumer Jugendwehr per Anordnung einzuverleiben. Sofort aktivierte die Bundesleitung ihre Beziehungen nach Berlin. Führende Parteimitglieder ließen ihre persönlichen Kontakte mit den maßgebenden Leuten vom Reichsausschuss der deutschen Jugendverbände spielen. Diese erklärten ihnen, dass man gegen das Fortbestehen der Strandkompanien nichts einzuwenden habe. Auch der Jugendführer des Deutschen Reiches wurde in die Angelegenheit eingeschaltet. Nachdem der „Gebietsführer Nordsee" der Hitler-Jugend gegen die Jugendwehr in der alten Form nichts einzuwenden hatte, fügte sich HJ-Unterbannführer Emden, Schmidt, mit der Hoffnung, dass die Strandkompanien der Hitler-Jugendführung keine Schwierigkeiten machen würden und sich nunmehr im nationalsozialistischen Sinne betätigen würden.

Doch am 1. März 1934 löste der Bundesführer Platzhoff mit einem Schreiben an alle Ehrenmitglieder und Mitglieder die Deutsche Jugendwehr auf. Alle seine Verhandlungen zwecks Eingliederung in die Hitler-Jugend waren ergebnislos geblieben. Die Reichsjugendführung – Abteilung Verbände – sah kein Bedürfnis für ein Fortbestehen.

Somit bestanden die Borkumer Jugendwehren praktisch 45 Jahre. Borkum verdankte den Besuch durch Stammgäste besonders in den Jahren vor und gleich nach dem 1. Weltkrieg den Jugendwehr-Einheiten. Die Kinder hatten ihre Eltern immer wieder dazu gedrängt, die Ferien auf Borkum zu verleben, damit sie ihren Kameradenkreis bei der Jugendwehr doch wieder träfen. Und die Eltern waren glücklich, ruhige Ferien am Borkumer Strand verbringen zu können, da sie ihre Kinder in guter Obhut während der Übungen wussten.

Auf der oberen Strandpromenade erinnerte noch lange Jahre eine Gedenktafel der Gefallenen des 1. Weltkrieges.

Der Bund Deutscher Jungmannen 1921, Blaue und Grün-weiße Abteilung

Erläuterungen

1 Grün-weiße Nachrichten vom 15.12.1910. Es ist nicht bekannt, ob das Gebäude abgebrochen oder gesprengt wurde.

2 Schilderung Peter Kieviet

3 Kriegszeitung der Festung Borkum 1915 und Borkumer Zeitung 1914. In der Literatur wird teilweise von der Sprengung der Wilhelmslust berichtet. Dies trifft nur insofern zu, dass die Beseitigung (vermutlich Abbruch) bereits 1910 – auch aus militärischen Gründen – erfolgte.

4 Schreiben des Gemeindevorstandes Borkum vom 10.01.1920 an Rechtsanwalt Haberfelder, Emden, Archiv Heimatverein

5 Die Fähre zum Festland, AG-Ems 1989, S. 85

6 Aufzeichnungen von Bürgermeister a.D. Kieviet vom 08.12.1945

7 Dieser Friedhof befand sich bis zum 2. Weltkrieg in den Dünen unweit des Laborierschuppens, etwa 150 m östlich der heutigen Ärztewohnungen der BfA. Einige Treppenstufen sind heute noch vorhanden.

8 Schweers & Wall, Der Borkumer Dünenexpress, S. 24

9 Gregor Ulsamer, Feuerschiff Borkumriff 1988, S. 128-136

10 Borkumer Zeitung 05.08.1916

11 Fritz Klennert, Bürgermeister nach dem Zweiten Weltkrieg auf Borkum, war Flieger bei der Seefliegerstation.

12 Winston Churchill, Der zweite Weltkrieg, 2. Band, Englands größte Stunde, 1950, S. 204-205

13 Kriegszeitung der Festung Borkum vom 08.09.1917

14 Aus „Dahin wie ein Schatten", Teil 1, von Derk Teerling Dykmann, 1963, S. 14

15 Der Atlantikwall, Rudi Rolf

16 Akten im Archiv des Heimatvereins Borkum

17 Borkumprospekt 1925

18 Die Geschütze stammen nicht vom Schlachtkreuzer „Moltke", wie H.-P. Wegmann in seinem Buch über Borkum schreibt.Die Moltke hat sich 1919 in Scapa Flow selbst versenkt.

19 Bericht der Marinewerft Wilhelmshaven, Hafen- und Strombauressort vom 04.10.1929, Archiv Heimatverein

20 Heimatverein Borkum – aus „Ditjes un Datjes" 1996, Seite 65

21 Bernd Ruland, Wernher von Braun – Mein Leben für die Raumfahrt Burda Verlag Offenburg, 2. Auflage 1969, S. 89

22 In der Borkumer Zeitung wird der Besuch mit keinen Wort erwähnt. Lediglich eine

Anzeige der Borkumer Zeitung für den Verkauf von Flaggen und Wimpeln kurz vor dem Besuch für die Ausschmückung des Ortes, deutet auf das Ereignis hin.

[23] In einem Brief vom 10.01.2002 an den Heimatverein sollen hier lt. dem damaligen Obergefreiten Spangenmacher (Artillerieausbilder) 15 cm Zwillingsgeschütze des nicht fertig gestellten Flugzeugträgers Graf Zeppelin aufgestellt gewesen sein.

[24] J.P. Mallmann-Showells „Das Buch der deutschen Kriegsmarine 1935 - 1945"

[25] Hans-Dietrich Nicolaisen, Der Einsatz der Luftwaffen- und Marinehelfer im 2. Weltkrieg, 1981, S. 529

[26] Freya und Würzburg hießen die ersten Frühwarngeräte des deutsche Funkmessdienstes. Freya, ein großes rechteckiges Gittermastgebilde, konnte Bomberverbände in 120 km Entfernung erfassen. Die Werte wurden an Würzburg-Geräte – eine Art Satellitenschüssel mit einer Reichweite von 60 km – übergeben, die die Flak und Scheinwerfer ausrichteten.

[27] Ulf Bake, Kampfgeschwader 100 Wiking, S. 22.

[28] Cajus Bekker, Angriffshöhe 4000, S. 65-67

[29] Johann Haddinga, Kriegsalltag in Ostfriesland, 1995, S. 46

[30] Cajus Bekker, Verdammte See, S. 86 und Ulf Bake, Kampfgeschwader 100 Wiking", S. 27.

[31] Nach Schätzungen von Derk-Heinrich Akkermann trieben nach der Flucht des Expeditionskorps ca. 30 – 50 Leichen an den Strand. Diese wurden alle auf dem ev.-luth. Friedhof begraben.

[32] Der Einsatz der Deutschen Luftwaffe über dem Atlantik und der Nordsee 1939 – 45, Bernhard & Graefe Verlag 1995 von Sönke Neitzel

[33] Der Seenotdienst der deutschen Luftwaffe 1939-1945, von Volkmar Kühn, Motorbuch-Verlag München, S. 170

[34] Gregor Ulsamer, Feuerschiff Borkumriff 1988, S. 151

[35] Drei Formblätter „Nachforschungen über die Gefängnisse und Läger", Datum nicht vorhanden, Archiv Heimatverein Borkum

[36] Bericht von Siet Tammens, Groningen, Archiv Heimatverein Borkum, März 2003

[37] Aus „Dahin wie ein Schatten", Teil 1, von Derk Teerling Dykmann,1963, S. 76

[38] Johann Haddinga, Kriegsalltag in Ostfriesland, 1995, S. 146

[39] Landsberg – Henker des Rechts 1953

[40] Schilderung Tönjes Akkermann und Peter Kieviet

[41] Schilderung Peter Kieviet und Hidde Meyer-Gerhards

[42] Schilderung Peter Kieviet, der selbst als Schüler Gasmelder war.

[43] Schilderung Peter Kieviet

[44] Schilderung Peter Kieviet

[45] Gregor Ulsamer, Feuerschiff Borkumriff 1988, S. 151

[46] Es kamen ca. 400 Molche zum Einsatz (Deutsche Geheimwaffen, Heyne Verlag 1975 S. 62)

[47] MOH-Nachrichten (Marine-Offizier-Hilfe e.V.) vom 15.08.1955 Nr. 8, 4. Jahrgang S. 73, 74

[48] Johann Haddinga, Stunde Null, Ostfrieslands schwerste Jahre, 1995, S. 64

[49] Specht, Die politische Gemeinde Nordseebad Borkum, S. 64

[50] Aus „Borkum – ein Kriegsende, von Folkert Teerling, Ostfriesland Magazin 3/1985, S. 46.

[51] Aus „Dahin wie ein Schatten“, Teil 1, von Derk Teerling Dykmann,1963, S. 77

[52] Johann Haddinga, Stunde Null, Ostfrieslands schwerste Jahre, 1995, S. 129

[53] Johann Haddinga, Stunde Null, Ostfrieslands schwerste Jahre, 1995, S. 144

[54] De Telegraaf 30.08.1980, Archiv Heimatverein Borkum

[55] Johann Haddinga, Stunde Null, Ostfrieslands schwerste Jahre, 1995, S. 157

[56] Johann Haddinga, Stunde Null, Ostfrieslands schwerste Jahre, 1995, S. 182

[57] Borkumer Zeitung 13.08.1982

[58] NILEG (Nds. Landesentwicklungsanstalt), Inselentwicklungsplan, Erläuterungsbericht zum Flächennutzungsplan vom Juni 1976, S. 17

[59] Das 1. LG wurde erst sieben Jahre nach Aufstellung des 2. LG aufgestellt!

[60] Borkumer Zeitung Mai 1961

[61] Borkumer Zeitung vom 22.10.1998

Fotonachweis

Alle Fotos stammen aus dem Archiv des Heimatvereins Borkum bis auf

S. 102 und 103 Einsatzübung	Medienzentrale der Bundeswehr
S. 96 und 115 Eisbrecher *Eisbär*	Klaus Strübing
S. 115 Landungsboot *Forelle*	Mirko Voß
S. 129 Windparktender *Windea Four*	AG Ems

Literaturverzeichnis

- Die Geschichte der einzelnen Bataillone bis zu ihrer Vereinigung zum R.I.R. Nr. 440, Oberleutnant Bade, 1933
- Geschichte des Fußartillerie-Regiments von Hindersin (1. Pomm.) Nr. 2, Dr. Horst Petzold, Potsdam 1927
- Chronik des Seefliegerhorstes Borkum
- Kriegszeitung der Festung Borkum
- Die Fähre zum Festland, Selbstverlag AG-Ems 1989
- Der Borkumer Dünenexpress, Schweers & Wall
- Feuerschiff Borkumriff, Gregor Ulsamer 1988
- Borkumer Zeitung
- Dahin wie ein Schatten, Teil 1, von Derk Teerling Dykmann,1963
- Der Atlantikwall, Rudi Rolf
- Borkumprospekt 1925
- Bernd Ruland, Wernher von Braun – Mein Leben für die Raumfahrt, Burda Verlag Offenburg, 2. Auflage 1969
- J.P. Mallmann-Showells, Das Buch der deutschen Kriegsmarine 1935-1945
- Hans-Dietrich Nicolaisen, Der Einsatz der Luftwaffen- und Marinehelfer im 2. Weltkrieg, 1981
- Ulf Bake, Kampfgeschwader 100 Wiking
- Johann Haddinga, Kriegsalltag in Ostfriesland, 1995
- Johann Haddinga, Stunde Null, Ostfrieslands schwerste Jahre, 1995
- Cajus Bekker, Verdammte See
- Cajus Bekker, Angriffshöhe 4000
- Der Einsatz der Deutschen Luftwaffe über dem Atlantik und der Nordsee 1939-45, Bernhard & Graefe Verlag 1995 von Sönke Neitzel
- Der Seenotdienst der deutschen Luftwaffe 1939-1945, von Volkmar Kühn, Motorbuch-Verlag München
- Landsberg – Henker des Rechts 1953
- Truppenpraxis 1963
- Deutsche Geheimwaffen, Heyne Verlag 1975
- MOH-Nachrichten (Marine-Offizier-Hilfe e.V.) vom 15.08.1955 Nr. 8, 4. Jahrgang
- Specht, Die politische Gemeinde Nordseebad Borkum
- Ostfriesland-Magazin 3/1985
- NILEG (Nds. Landesentwicklungsanstalt), Inselentwicklungsplan, Erläuterungsbericht zum Flächennutzungsplan vom Juni 1976

- Truppenpraxis 1963
- Deutsche Geheimwaffen, Heyne Verlag 1975
- MOH-Nachrichten (Marine-Offizier-Hilfe e.V.) vom 15.08.1955 Nr. 8, 4. Jahrgang
- Specht, Die politische Gemeinde Nordseebad Borkum
- Ostfriesland-Magazin 3/1985
- NILEG (Nds. Landesentwicklungsanstalt), Inselentwicklungsplan, Erläuterungsbericht zum Flächennutzungsplan vom Juni 1976

Der Autor

Volker Apfeld wurde 1961 auf Borkum geboren und lebt dort mit seiner Familie.

Beruflich ist er Sachgebietsleiter des Sozialamtes der Stadt Borkum.

Ehrenamtlich ist er u.a. Mitarbeiter im Archiv des Heimatvereins. Im Rahmen dieser Tätigkeit befasst er sich intensiv mit der Geschichte der Insel und hat zahlreiche Publikationen veröffentlicht.

Dank

Ich danke den vielen Personen, die mich bei der Erstellung dieses Buches unterstützt haben, teils mit Rat, Unterlagen, Fotos oder persönlichen Berichten oder fachlichen Beratungen.

Insbesondere waren dies:

- Reinhold Feldmann
- Peter Kieviet
- Wilfried Krahwinkel sen.
- Wilfried Krahwinkel jun.
- Eberhard Weiss
- Derk Heinrich Akkermann
- Heike Koch-Eschweiler
- Hans-Peter Wegmann
- Gregor Ulsamer
- Rudi Schmidt
- Reinhold Grigoleit
- Oberstabsbootsmann d.R. Hans Joachim Ryszewski
- Tönjes Akkermann
- Franz Juist
- Joachim Heil
- Heinz Grabisch
- Hans-Heinrich Christiansen
- Rolf Brandt
- Dr. Helmer Zühlke

Die vielen Unterlagen, die ich erhalten habe, wurden dem Archiv des Heimatvereins übergeben. Andere Unterlagen wurden aus dem Archiv zur Verfügung gestellt.

Jens Bald
„Havarien, Hoffnungen, Helfer – Schiffsunglücke in der Emsmündung und vor Borkum“

Von der Römerzeit bis in die Gegenwart schildert das Buch kompakt und spannend die Geschichte von Schiffsunglücken in der Emsmündung und des Seenotrettungswesens auf Borkum.

2. überarbeitete und ergänzte Auflage
Format 148 x 210, 160 Seiten
90 Abbildungen, z. T. in Farbe
15,– €
ISBN 978-3-00-061431-6

Gregor Ulsamer
„Feuerschiff Borkumriff“

Die Geschichte des Seezeichen- und Nachrichtenwesens an der Küste von 1875 bis zu Gegenwart wird am Beispiel der Position „Feuerschiff Borkumriff“ umfassend dargestellt.

Format 148 x 210, 246 Seiten,
220 Abbildungen
21,80 €
ISBN 978-3-00-056887-9
www.rumeln-maritim.de

Jens Bald
„Eisbrecher in Hamburg“

Seit fast 150 Jahren wird der Hamburger Hafen durch Eisbrecher eisfrei gehalten. Neben der technischen Entwicklung der Eisbrecher erfährt der Leser auch viel von der Geschichte des Hamburger Hafens

Format 210 x 265, 96 Seiten
118 Abbildungen
19,90 €
ISBN 978-3-86927-424-9
www.oceanum.de

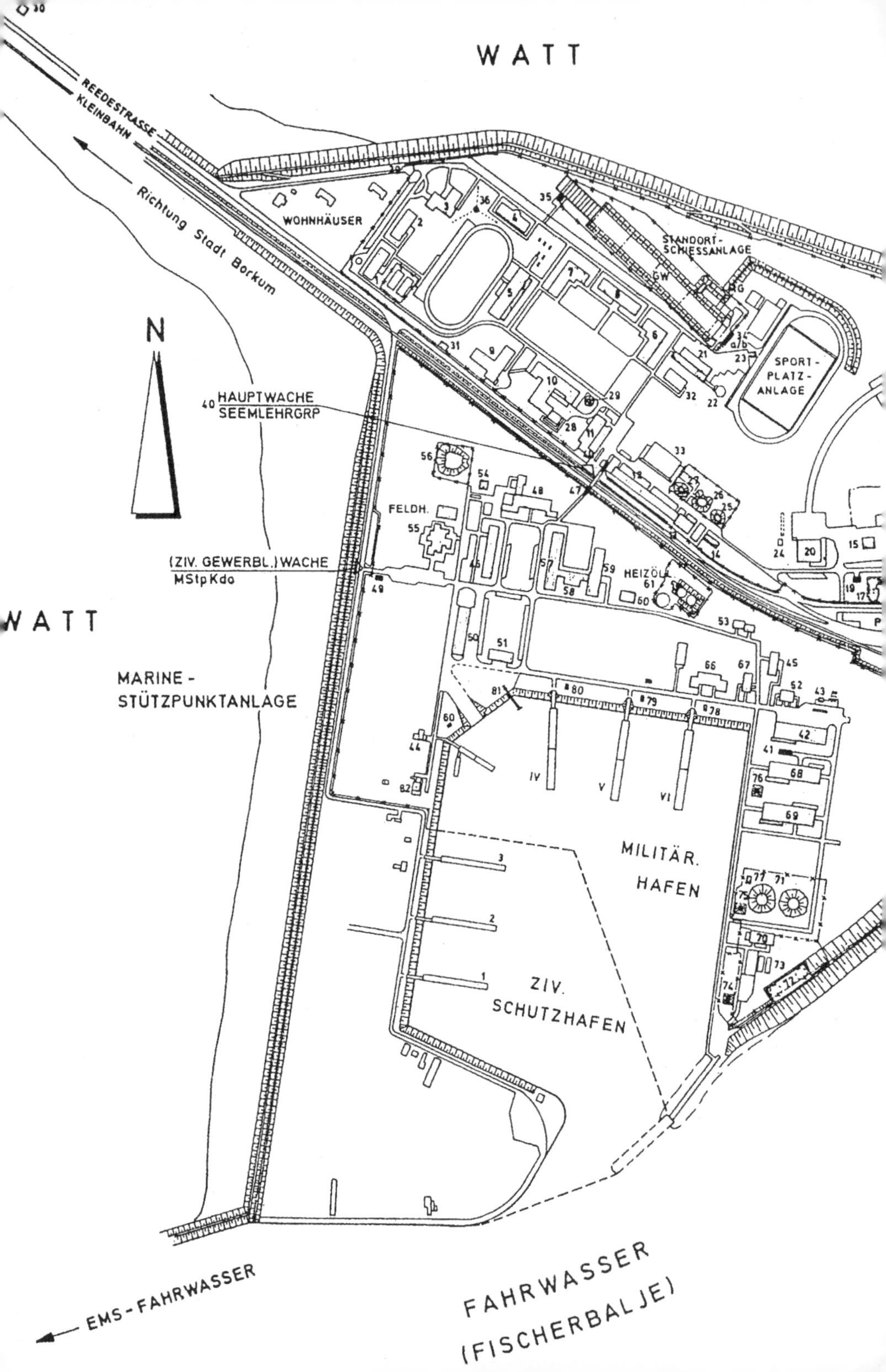
WATT
REEDESTRASSE
KLEINBAHN
Richtung Stadt Borkum
WOHNHÄUSER
STANDORT-SCHIESSANLAGE
SPORT-PLATZ-ANLAGE
N
40 HAUPTWACHE SEEMLEHRGRP
FELDH.
(ZIV. GEWERBL.) WACHE MStpKdo
HEIZÖL
WATT
MARINE-STÜTZPUNKTANLAGE
MILITÄR. HAFEN
ZIV. SCHUTZHAFEN
EMS-FAHRWASSER
FAHRWASSER (FISCHERBALJE)